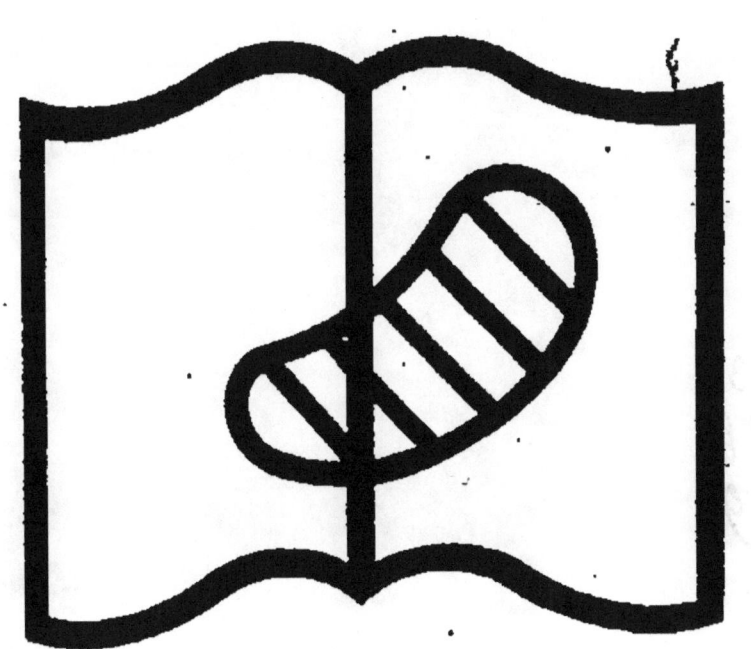

Original Illisible

NF Z 43-120-10

"VALABLE POUR TOUT OU PARTIE
DU DOCUMENT REPRODUIT".

DEUX MOIS

EN

ÉGYPTE

DEUX MOIS

EN

ÉGYPTE

JOURNAL D'UN INVITÉ DU KHÉDIVE

PAR

CHARLES TAGLIONI

PARIS

CHEZ AMYOT, RUE DE LA PAIX, 8

—

1870

A Son Altesse Royale

Monseigneur le Prince Charles de Prusse

MONSEIGNEUR,

Votre Altesse Royale ayant daigné me témoigner dans plusieurs circonstances sa haute bienveillance, et m'honorer d'un intérêt tout particulier, j'ose prendre la respectueuse liberté de soumettre à Votre Altesse Royale ce volume, en la priant d'en vouloir bien agréer l'hommage.

Je considère comme une faveur toute xceptionnelle de publier mon premier essai littéraire sous les auspices de Votre Altesse Royale, et de pouvoir placer son nom à la tête de ce petit ouvrage.

Je suis avec un profond respect,

Monseigneur,

De Votre Altesse Royale,

Le très-humble et très obéissant serviteur,

CHARLES TAGLIONI.

PRÉFACE

Comme le titre de ce livre l'indique, c'est une relation des faits constatés, jour par jour, lors de mon séjour en Égypte. Je n'y consigne que des faits qui se sont réellement passés et dont j'ai été témoin oculaire pendant une circonstance mémorable qui fera époque dans l'histoire de l'Égypte.

Le lecteur ne devra donc s'attendre ni à une étude sur l'Égypte, ni à un exposé de la situation politique ou commerciale de ce royaume; ce n'est qu'un simple récit, une appréciation personnelle, basée sur des renseignements recueillis sur les lieux mêmes.

Écrite sous la forme de journal, j'ai intercalé dans cette narration, lorsque l'occasion me semblait opportune, des données sur les différents usages, les mœurs et habitudes de ce pays et de ses habitants.

Si le lecteur rencontre beaucoup de lacunes dans ce récit, je m'en excuserai par cette simple raison que, lorsqu'il y a tant de choses à voir, on ne peut pas être partout.

Ayant écrit cet opuscule en français (qui n'est pas ma langue maternelle), et n'étant ni savant ni homme de lettres, je crois pouvoir, à juste titre, demander au lecteur son indulgence pour tout ce qu'il pourrait y avoir d'incorrect et d'incomplet dans ce petit travail, le premier que je livre à la publicité.

C. T.

Paris, mars 1870.

DEUX MOIS

EN

ÉGYPTE

———•—▶•◀—•———

CHAPITRE I

DE PARIS PAR MARSEILLE

ET

MESSINE A ALEXANDRIE

Il devait se passer quelque chose d'extraordinaire au chemin de fer de Paris à Lyon dans la soirée du 7 octobre. Les abords de la gare étaient encombrés et le nombre des facteurs ne suffisait pas pour décharger les bagages des voitures, qui se suivaient sur une file interminable.

Les invités du khédive, admis à prendre part à l'expédition de la Haute-Égypte, étaient prévenus par une lettre de Nubar Pacha qu'ils devraient quitter Paris au plus tard le 7, s'embarquer à Marseille le 9 et se trouver le 16 octobre au Caire. Le départ pour la Haute-Égypte — jusqu'à la première cataracte — était fixé dans la seconde quinzaine d'octobre, et les dispositions du retour au Caire étaient prises de telle manière, que les invités pourraient assister aux fêtes de l'inauguration du canal de Suez.

C'était donc le dernier moment, pour quitter Paris, que de choisir le train express du 7 octobre.

Beaucoup de personnes, qui se trouvaient dans la même position que moi, l'avaient choisi pour pouvoir vaquer le plus longtemps possible à leurs affaires. Aussi, n'est-il pas étonnant que le nombre des voyageurs qui se pressaient de partir par ce convoi fût aussi considérable.

L'administration de la Compagnie du chemin de fer de Lyon avait été obligée de former, pour les bagages, des bureaux supplémentaires, et grâce à cette mesure sage et prévoyante, le train quitta Paris à l'heure réglementaire.

Fort étroitement casés, nous arrivions le lendemain à Marseille, après une nuit passée très péniblement dans des wagons où l'on ne pouvait songer à sommeiller un seul instant. Le train était en retard d'une heure.

Je descendis à l'hôtel du Luxembourg, rue Saint-Ferréol.

Aussitôt arrivé je me rendis chez le consul de Prusse ainsi que chez le consul général de Russie, prince Tronbetzkoï, un de mes parents, après quoi je m'empressai d'aller échanger ma carte aux Messageries Impériales, puis je me promenai dans la ville pour visiter les curiosités telles que la Bourse, la Cannebière, le Casino de la mer. Ayant aperçu en rade le paquebot qui devait me transporter en Égypte, il me vint à l'idée d'aller le visiter. Je me fis donc conduire par un calfat à bord du *Mœris*.

Après m'être fait reconnaître au commandant, M. Ragadit, comme invité du khédive, je lui demandai quelques renseignements qu'il me donna avec autant de bienveillance que d'empressement.

J'appris alors que les cabines qui n'avaient ordinairement que deux personnes en auraient quatre, et celles de quatre contiendraient cette fois six passagers.

Le commandant me dit aussi que le *Mœris* était un des plus beaux paquebots de la compagnie des Messageries Impériales, qu'il avait 104 mètres de long et 10 de large, que sa capacité était de 1,008 tonneaux et qu'il pouvait filer 10 à 12 nœuds l'heure. L'équipage se composait de 64 hommes : matelots, mousses, domestiques, etc., etc. Les passagers s'élevaient au nombre de 260, dont 120 pour les premières, parmi lesquels se trouvaient 86 invités du vice-roi.

Je revins en ville un peu découragé par la pensée que je devais passer 7 jours entiers dans une cabine avec cinq compagnons, dont j'ignorais encore et le nom et le physique.

Le 9, entièrement remis des fatigues du voyage de Paris, je me rendis à bord, comme il avait été convenu, une heure avant le départ du steamer.

Deux vapeurs étaient affrétés pour le voyage d'Alexandrie, le *Mœris* et un autre plus petit, l'*Aréthuse*.

Notre départ fut retardé de deux heures par la raison qu'on avait laissé partir d'abord l'*Aréthuse*. Enfin, à six heures, le *Mœris* levait l'ancre pour se lancer à toute vapeur sur la Méditerranée.

Ce soir-là, tout le monde était à table, le temps était admirable, et personne ne pensait à manquer à l'appel du dîner.

La mer était tellement calme qu'à peine une ride

osait-elle se montrer sur cette surface unie comme un miroir, qu'aussitôt un léger zéphir venait l'applanir.

C'était une singulière composition que celle que formaient les passagers du *Mœris*. Des représentants des différentes nations et des hommes éminents et célèbres se trouvaient parmi eux. Je citerai quelques noms au hasard.

Les sciences étaient représentées par MM. Wurtz, Miller, Charles Blanc, de Quatrefages, Jamin, Ballard, membres de l'Institut ; d'Alméida, Berthelot Marey, professeurs au Collége de France ; Lenormand, secrétaire de l'Institut, les docteurs Isambert, Broca, etc., etc.

Les arts avaient envoyé comme leurs délégués MM. Guillaume, directeur de l'École des Beaux-Arts, Fromentin, Tournemines, Berchère, Stop, Marc, Darjou, le marquis de Chenevières, directeur des Musées de Paris, Gérôme, etc., etc.

MM. le comte Montmort, le vicomte de Malezieux, le marquis d'Angerville, du Jockey-club.

MM. Florian Pharaon, Yung, Camille Pelletan, Ferney, Pierre Pichot, Cavallier de Lourmarin, Théophile Gauthier et une dame, Mme Louise Collet, représentants de la presse française.

MM. d'Hédouville, le vicomte de Pajol, le comte Sensis de Parabère, officiers français.

Parmi les invités espagnols : MM. Ghisbert, directeur des Musées, de Galdo, alcade de Madrid, le duc de Tétuan, Palaü, Abarzouza et Montesinos, députés.

La société allemande se composait de MM. Lepsius, le célèbre égyptologue, docteur Dumichen, Drake, célèbre statuaire, assesseur Hubner, le conseiller Veit, Franzius, Hagen, ingénieurs hydrauliques, Graser, Rumker, directeur de l'Observatoire de Hambourg, Ramchack, publiciste autrichien, Stephan, conseiller intime, Erbkam, Lallemand (de Lübeck), baron de Kehler, etc.

Le Nord était représenté par le baron Oscar de Knorring, capitaine suédois, Ibsen, poète norvégien, Lieblein, égyptologue de Christiania; un Hollandais, M. Den Tex, et un Suisse, M. Naville.

Parmi les personnes qui se trouvaient à bord, mais qui n'étaient pas du nombre des invités, je citerai d'abord Mme Nubar, femme de Nubar Pacha, ministre des affaires étrangères, et sa gracieuse demoiselle Mlle Zibar Nubar, Mme Chailan et ses trois sœurs, Mme Fiol, femme du consul général d'Espagne en Egypte; M. Léon Theremin, agent et consul général de la Confédération de l'Allemagne du Nord, en

Égypte, puis M. et M°*me*° Charles de Lesseps qui se rendaient en Egypte pour assister à l'ouverture du canal et aux fêtes qui devaient s'y rattacher.

Il est évident que là où tant d'éléments se rencontrent, il y avait un point de départ pour des conversations ; aussi les entretiens ne manquaient-ils ni d'entrain et de charme.

Dans ma cabine, j'avais pour compagnons MM. Franchot, de Laleu, Marey, Pichot et Cavallier de Lourmarin. Ce dernier, n'ayant jamais couché dans une cabine, a passé tout le temps de la traversée sur le pont ; il lui était impossible de respirer l'air d'un endroit clos. M. de Laleu, habitué à la mer par suite de son séjour prolongé en Bretagne et en Normandie, eut la complaisance de me donner de ces petits conseils qui deviennent de véritables services par la suite. C'est à lui que je dus d'avoir le pied marin ; mais le roulis vint pourtant me rappeler que je ne me trouvais pas positivement sur terre, puis ensuite le tangage augmenta dans de fortes proportions les difficutés de l'équilibre.

Le lendemain 10, je fus de bonne heure sur pied. Les dames étaient déjà sur le pont afin de pouvoir admirer le lever du soleil en pleine mer ; peut-être était-ce aussi par la raison que beaucoup de nos compagnons se trouvaient pris de ce mal désagréable toujours, mais surtout pendant la nuit. De tous les côtés on pouvait entendre des gémissements et des plaintes; on se racontait les impressions de la nuit que l'on venait de passer. Peu de cabines avaient des habitants aussi vaillants que celle que j'occupais. Tout le monde avait eu une bonne nuit, et c'était d'un heureux augure pour notre voyage. La journée se passa en conversations et à lier connaissance.

Vers cinq heures et demie, le capitaine nous fit observer que nous allions passer devant l'Ours tant attendu depuis notre départ de Marseille.

L'Ours est la dénomination que l'on donne à un rocher situé à l'entrée du détroit de Bonifacio. A la distance de quatre à cinq kilomètres on pourrait se figurer voir un ours de la plus belle taille se promenant et humant l'air sur la pointe la plus élevée d'un rocher. On s'approche et l'ours grandit jusqu'au moment où le regard, attiré par un autre objet, le quitte. Alors ne l'eussiez-vous quitté que pendant l'espace d'une seconde, en reportant vos yeux sur ce que vous croyiez prendre, il y a un instant, pour un ours, il vous serait de la plus grande impossibilité d'y retrouver une forme quelconque qui pût vous rappeler celle d'un quadrupède; ce n'est plus qu'un roc informe contre lequel viennent se briser les lames soulevées par le sillage de notre paquebot.

Mais un effet d'optique, non moins remarquable que celui de l'ours, se produit après avoir doublé l'île de Caprera, — où nous vîmes avec intérêt la maison blanche de Garibaldi, — et frappe le regard du voyageur.

Le paquebot tournoie dans un dédale de passes tellement étroites que l'on juge qu'il va se heurter contre un récif. On est toujours tenté de croire que la route est fermée, mais, au dernier moment, on découvre un passage qui semble encore plus étroit que celui que l'on vient de quitter et qui, à mesure que l'on avance, s'élargit et devient encore un lac entouré de rochers, et ainsi de suite jusqu'au moment où l'on reprend la mer jusqu'à Messine, endroit où elle devient d'un bleu d'azur des plus transparents.

Pendant toute la journée du 11, le *Mœris* fut converti en bureau d'écritures. Tout le monde se hâtait de faire sa correspondance, car, à minuit, nous devions nous arrêter à Messine, où les lettres seraient remises à la poste.

De loin déjà nous voyons les quais de Messine magnifiquement éclairés au gaz, et tous les regards cherchent instinctivement ce phare si réputé par sa position exceptionnelle. Il est entouré de récifs qui en rendent les accès très périlleux.

C'est à la base même de ce phare que se fait la pêche du corail qui est le principal commerce de cette ville.

Aussi aperçoit-on de toutes parts des pêcheurs qui viennent nous offrir, à des prix très modiques, le fruit de leur pénible labeur.

La pêche au corail se fait à l'aide de plongeurs, et pour rencontrer les meilleurs coraux il faut descendre à une très grande profondeur.

Là n'est pas seulement la principale difficulté, il est indispensable d'aller les extraire dans des cavités horizontales qui ne sont pas sans danger pour le plongeur.

Pour obtenir des coraux de belle qualité, il faut souvent extraire le bloc sur lequel ils végètent, ce qui se pratique avec des pinces ou leviers.

Nous n'avons séjourné à Messine que juste le temps nécessaire pour faire du charbon et de l'eau et descendre la poste.

Le lendemain 12, la mer devint sinon mauvaise, du moins désagréable. On ne sait à quoi cela tient, mais en quittant le détroit de Messine pour entrer dans l'Adriatique, un malaise assez général s'empare de presque tous les voyageurs. Une profonde tristesse saisit tous les passagers. Tout le monde se tait, une espèce de mélancolie s'infiltre dans tous les cœurs. Les dames dans leurs mantelets rouges avec capuchons, les hommes drapées dans des plaids, se trouvaient couchés pêle-mêle sur le pont, qui ressemblait plutôt à un camp de bohémiens qu'à un bateau portant les invités du Vice-Roi.

Mais plus nous approchions des côtes de l'Afrique, plus la température devenait douce et plus la mer aussi reprenait des allures plus paisibles, de telle sorte qu'un bien-être général se fit bientôt sentir chez tous les passagers sans exception, une joie folle s'empara de tout le monde. Alors commença une série de divertissements de toute espèce.

Le cercle des dames était présidé par Mme Chailan et ses sœurs, Mme Charles de Lesseps, Mme et Mlle Nubar.

Ces dames voulaient bien nous accueillir et chacun de nous mettait son esprit ou son imagination à contribution pour alléger les ennuis de la traversée. Lorsque les sujets de distraction raffinés venaient à manquer, on recourait au jeu de cartes, ou bien l'un ou l'autre se mettait au piano pour accompagner le chant ; on allait même jusqu'à réciter des vers. Une dame auteur, qui se trouvait à bord, avait composé une complainte sur notre voyage en mer. Les vers faits, nous devions forcément les entendre; souvent interrompue par des rires significatifs, cette dame, modeste comme les poëtes, prit ces rires pour des marques d'approbation. Cette hilarité devint inextinguible, lorsque ce bas bleu, grisée de son prétendu succès littéraire, fit apporter sa malle dans le salon pour nous montrer les différents chapeaux dont elle avait fait acquisition à Paris, et dont elle voulait se parer à l'occasion des fêtes et des réceptions officielles.

Le temps passait ainsi rapidement et nous ne quittions le grand salon que lorsque l'heure d'éteindre les lumières était venue. A bord, le règlement est strictement observé en ce qui concerne les lumières.

Le 14 octobre, on se sépara presque avec regret. C'était la dernière soirée que nous avions passée à bord du *Mœris*.

Le 15, en quittant les mers italiennes, une nouvelle surprise nous était ménagée. Les eaux venaient de changer de couleur, elles étaient subitement passées du bleu d'azur au vert d'émeraude. Cette métamorphose nous annonçait que nous étions dans les eaux égyptiennes.

Comme le capitaine nous l'avait annoncé déjà depuis la veille, il espérait que nous pourrions débarquer à dix heures du matin sur cette terre tant désirée. Tout le monde s'occupait donc à mettre ses effets en ordre, à refaire ses paquets afin d'être prêt au moment où le débarquement devrait avoir lieu.

Ainsi que sur tout le littoral de l'Afrique, les terres sont excessivement basses. A peine les aperçoit-on que l'on est déjà dans la rade d'Alexandrie.

Dès notre arrivée dans le défilé qui donne difficilement accès au port nous vîmes venir à notre rencontre un petit bateau à hélice qui nous aborda bientôt, et nous sûmes que le visiteur qui venait nous recevoir était M. Ferdinand de Lesseps, créateur de l'œuvre gigantesque pour laquelle nous avions entrepris ce voyage.

Un hourrah formidable se fit entendre, chacun se pressait autour de lui pour féliciter le héros de la fête.

Le paquebot reprend sa marche, mais bientôt il dut s'arrêter de nouveau à l'approche de deux chaloupes montées par Leurs Excellences Nubar et Ali-Pacha qui venaient chercher leurs familles qui se trouvaient à bord de notre pyroscaphe.

A peine étions-nous entrés dans le port que nous fûmes entourés par une quantité innombrable d'embarcations montées par les indigènes. Mais la commission de réception des invités du khédive, composée de

MM. Colucci-Bey, Emin-Bey et Tonino-Bey, fut inflexible vis-à-vis de ces bateliers et les rejeta pêle-mêle dans leurs embarcations.

Nos bagages furent emportés par les soins de la marine égyptienne, et nous-mêmes nous fûmes conduits par un petit bateau spécial jusqu'à la plage où nous étions attendus par une grande quantité d'attelages à deux chevaux, qui nous transportèrent à Alexandrie, où nous fîmes notre entrée triomphale par la porte de la Marine, la rue du Mahmoudié et la place des Consuls.

Je fus étourdi par le bruit et les cris poussés par les fellahs qui étaient venus à la rencontre de la première série des invités du khédive, dont je faisais partie ; mais les khavas rangés sur une double haie, le courbache à la main, et dont ils se servaient volontiers, n'avaient garde de laisser s'approcher de trop près les curieux.

CHAPITRE II

L'ÉGYPTE

Abrégé de la géographie et de l'histoire de ce pays. — Population et climat.

L'Égypte, bornée au nord par la Méditerranée, au sud par la Nubie, à l'est par l'isthme de Suez et la mer Rouge, et à l'ouest par le désert de Libye, compte une population de cinq millions d'habitants environ, répandus sur une surface de 31,000 milles, soit 1 million 700,000 kilomètres carrés à peu près.

Il y a en Égypte trois parties bien distinctes : la haute, la moyenne et la basse Égypte. Un seul et unique fleuve, le Nil, alimente l'Égypte qu'il traverse du sud au nord. Ce magnifique cours d'eau est encaissé, à l'est, entre la chaîne arabique et, à l'ouest, entre les montagnes de la Libye. Le Nil est de la plus haute importance pour le bien-être matériel de ces contrées, car il n'y a que les districts et les parages qu'il parcourt, et qui subissent les effets des inondations, qui soient fertiles.

Ces inondations sont le résultat des pluies tropicales qui tombent à une époque fixe en Abyssinie.

Les embouchures du Nil forment le Delta.

Les plaies actuelles de l'Égypte sont le samum, le chamsin et — les mouches.

Le climat de l'Égypte est très sain. Il y règne pourtant assez souvent une chaleur brûlante. Les environs du Caire sont recommandés aux personnes affectées de maladies pulmonaires. Les fièvres sont rares; les seules maladies auxquelles les étrangers et les indigènes sont le plus souvent assujettis, sont la dyssenterie et l'ophthalmie. Les causes auxquelles on attribue l'ophthalmie sont d'une nature très différente. Le sable et la chaleur ardente du soleil exercent une influence aussi pernicieuse que le passage subit de la sécheresse à l'humidité.

L'Égypte possède peut-être le climat le plus sec de l'univers; dans la haute et la moyenne Égypte, il ne pleut jamais. Mais la différence entre l'atmosphère, presque toujours sèche, et les émanations humides du fleuve, ainsi que la réverbération du soleil sur les murs des maisons des grandes villes peintes à la chaux, est tellement grande, que la vue en est facilement affectée, surtout lorsque l'œil se trouve dans un état d'irritation à la suite des transpirations de l'épiderme. Les atomes salins contenus dans l'atmosphère sont une autre cause de l'ophthalmie suivie souvent de cécité.

L'ophthalmie suit presque mathématiquement le développement des inondations périodiques du Nil. Par mesure de prudence, il faut soigneusement éviter les courants d'air, veiller à ce que les fenêtres soient bien closes pendant la nuit, supporter plutôt un surcroît de chaleur que d'enfreindre la susdite règle, que tout indigène vous donne comme prescription hygiénique de première importance. Les ablutions ne doivent jamais se faire immédiatement après une promenade; il faut attendre au moins une demi-heure avant de procéder à sa toilette.

Habitants. — Deux classes d'habitants peuplent l'Égypte. Les fellahs et les coptes. Les premiers sont les paysans, habitants de la campagne qui labourent le sol, ou bien exercent sur le Nil l'état de bateliers. C'est une population utile et serviable, qui, à elle seule, nourrit l'Égypte. Les seconds, Égyptiens chrétiens, occupent, par le nombre, le deuxième rang après les fellahs. Quand ils ont acquis la confiance des musulmans, ils sont employés par eux aux écritures, à la perception des impôts, enfin à tous les emplois du gouvernement, notamment aux finances. Les coptes circoncisent leurs enfants ; leurs prêtres sont mariés et peuvent divorcer. Leur chef spirituel est un patriarche résidant à Alexandrie.

Produits principaux de l'agriculture.

L'Égypte est très riche en bestiaux, surtout en moutons, ânes (une des vraies ressources du pays), buffles, chameaux ; il y a aussi beaucoup de volailles.

Les produits du sol sont différentes espèces de céréales : le blé, le riz, le maïs, le dourrah ; des fruits, tels que dattes, grenades. La culture du coton prend de très grands développements.

L'Égypte a de nombreuses espèces de minéraux, du marbre, du granit, du porphyre, etc., etc.

L'industrie et le commerce ont fait des progrès très considérables dans les dernières années. J'aurai occasion de revenir sur cette importante question dans le courant de mon récit.

Des caravanes nombreuses, qui vont de la Haute Égypte dans le centre de l'Afrique, entretiennent un mouvement de commerce très important.

L'Égypte était connue dès les temps les plus reculés. La sainte Écriture nous apprend qu'Abraham s'y est rendu pour se sauver de la famine et qu'il trouva dans ce pays une population bien organisée.

L'histoire de Joseph fait connaître l'Égypte d'une manière plus développée.

Les anciens Égyptiens formaient une nation sérieuse, leur culte et leurs institutions civiles rappellent les coutumes des Indiens.

Ils étaient divisés en castes; le fils ne pouvait pas abandonner l'état ou la profession de son père.

On adorait Apis, un taureau noir, au front blanc. D'après leur croyance à la métempsycose, l'âme d'Osiris s'y trouvait logée. Cet Osiris, un de leurs rois qui a enseigné à son peuple l'agriculture et inventé la charrue, fut après sa mort rangé au nombre des dieux.

On cite parmi les inventions égyptiennes : le calcul chronologique, la géométrie, la préparation du papier et du papyrus.

L'architecture égyptienne est surtout remarquable. Les pyramides, constructions gigantesques, servaient de tombeaux. Les obélisques étaient des monolithes.

Les plus grands édifices sont le Labyrinthe, les ruines des temples de Karnak, de Denderah, qui nous font voir la hardiesse et l'immensité des constructions.

Les morts étaient embaumés, et d'après la substance, appelée mum, dont on enduisait les corps, ils prirent le nom de momies. Les momies étaient souvent placées à côté des vivants, dans les festins, pour rappeler aux hommes, même dans la joie, l'instabilité des choses terrestres.

Le tribunal des morts avait à se prononcer préalablement si un défunt avait droit à l'honneur des funérailles solennelles.

L'histoire nous a été transmise par des hiéroglyphes que des savants ont déchiffrés à force d'études.

Les villes les plus célèbres de l'ancienne Égypte étaient Thèbes, Memphis, Saïs, etc., etc.

L'histoire égyptienne devient plus connue à partir du règne de Psammétique (670 ans avant Jésus-Christ). Ce prince inaugura la 26⁰ dynastie.

Cambyse, roi des Perses, soumit l'Égypte tout entière.

Alexandre le Grand réunit l'Égypte à son empire et fonda Alexandrie. Après sa mort, un de ses généraux, Ptolémée, fils de Lagus, en prit possession.

Cléopâtre, célèbre par sa beauté, est la dernière des Ptolémées. Elle épousa Antoine.

Comme toutes les autres provinces de l'empire romain, l'Égypte fut subjuguée par différents peuples de l'Asie.

En 1517 l'Égypte tomba sous la dépendance de la Porte.

L'un des faits les plus remarquables de l'histoire moderne de l'Égypte est l'expédition de 1798, conduite par Napoléon Bonaparte. Les phases les plus saillantes de cette entreprise sont : la prise d'Alexandrie, la défaite des mameloucks à la bataille des Pyramides, la perte de la flotte française à la bataille navale d'Aboukir.

Méhémet-Ali, qui régna de 1806 à 1849, devint le créateur d'un nouvel État.

Il se déclare indépendant de la Porte, mais sous les menaces des grandes puissances, il se vit obligé de rester sous la dépendance de l'empire ottoman.

Cependant on n'en doit pas moins considérer Méhémet-Ali comme le fondateur d'un État appelé à un avenir assez brillant pour rappeler quelque chose de l'empire des Pharaons.

A Méhémet-Ali, qui avait obtenu pour sa famille l'hérédité dans le gouvernement de l'Égypte, succède :

Abbas-Pacha, son frère, qui mourut en 1854. Il eut pour successeur Saïd-Pacha, fils de Méhémet-Ali.

A la mort de ce prince, arrivée le 18 janvier 1863,

eut lieu l'avénement du prince qui gouverne aujourd'hui l'Égypte.

Ismaïl-Pacha, fils de Méhémet-Ali, est né en 1816. Il reçut son éducation à l'école égyptienne, située à Paris, rue du Regard.

Longtemps avant l'époque où il fut placé à la tête des destinées de l'Égypte, Ismaïl-Pacha s'était fait connaître par ses qualités spéciales d'organisateur et de réformateur. L'administration de ses biens avait montré, par des résultats magnifiques, ce que peut la volonté servie par une haute intelligence.

Depuis qu'Ismaïl-Pacha gouverne l'Égypte, il a fait pour elle en grand ce qu'il avait fait, sur une petite échelle, pour ses domaines.

L'agriculture, l'industrie, le commerce se sont développés dans de larges proportions, protégés par une puissante volonté qui n'a reculé ni devant les sacrifices ni devant les obstacles.

C'est à Ismaïl-Pacha que l'Égypte doit ses magnifiques lignes de chemins de fer, c'est encore lui qui a prêté à M. de Lesseps son concours tout-puissant pour le percement de l'isthme de Suez.

Si l'on quitte le terrain des réformes matérielles pour entrer sur celui des réformes politiques, on trouvera un progrès aussi considérable. Nous ne pouvons à notre grand regret, qu'indiquer les principales réformes, mais qui sont des gages de stabilité et de force pour l'avenir.

En 1866, le vice-roi a obtenu l'hérédité, non pas d'après la loi turque, mais en ligne directe, comme en Europe, de père en fils. L'héritier présomptif, fils aîné d'Ismaïl-Pacha, est aujourd'hui âgé de dix-sept ans.

Depuis 1867, Ismaïl-Pacha a obtenu les titres de Khédive et d'Altesse royale. Les liens qui rattachent encore l'Égypte à la Porte-Ottomane n'empêcheront pas Ismaïl de continuer son œuvre de réformes, et l'on peut facilement admettre que la Turquie aura le bon esprit d'être spectatrice paisible d'événements qu'elle ne peut empêcher.

CHAPITRE III

ALEXANDRIE

Un bain maure. — Les aiguilles de Cléopâtre. — La colonne de Pompée. — Le jardin du Vice-Roi. — Un déjeuner à Ramleh. — Départ pour le Caire.

Malgré qu'Alexandrie n'ait pas entièrement conservé le cachet d'une ville orientale, je n'ai pourtant pu m'empêcher, pendant le parcours que je fis pour me rendre à l'hôtel de l'Europe, de remarquer le contraste qui existe entre les villes européennes et les cités orientales.

A notre arrivée à l'hôtel de l'Europe, nous fûmes reçus par le maître de l'établissement qui nous indiqua les appartements retenus pour nous d'après les ordres du Khédive.

Pour prouver jusqu'à quel point tout était bien organisé, je n'ai qu'à citer le fait suivant :

On remit à chaque invité une carte sur laquelle

se trouvait indiqué tout ce que chacun de nous avait le droit de demander.

Le Vice-Roi, qui tenait à faire remarquer qu'il entendait l'hospitalité orientale, n'avait rien épargné de ce qui pouvait constituer le bien-être de ses invités.

En tout autre moment que celui-ci, j'eusse fait honneur aux propositions qu'on nous fit de nous réconforter, mais quelque peu fatigué par la traversée, je résolus, de concert avec MM. den Tex et Ramschack, de commencer par un bain mauré, non-seulement pour me remettre entièrement, mais aussi pour pouvoir juger par expérience si ces bains méritent la réputation que les voyageurs en Afrique leur ont faite.

On fit approcher une voiture et on nous conduisit dans un établissement situé près de l'église catholique Sainte-Catherine, comme le plus réputé de la ville.

Cet établissement est construit extérieurement à l'européenne, mais à l'intérieur, l'aspect change complètement.

Les parois des murs sont entièrement recouvertes de marbre blanc. Ces bains se divisent en quatre pièces d'une grandeur moyenne. Les murs, ainsi que le sol, sont recouverts de marbre, aussi bien que le fond des bassins qui mesurent une profondeur d'un mètre.

Dès notre arrivée, on nous fit passer dans un cabinet de toilette. Je m'attendais à y trouver plus de goût et de recherche.

Après nous être débarrassés de nos habits, on nous fit entrer dans la première pièce, chauffée à sec. Nous n'y restâmes que quelques minutes pour passer ensuite dans la seconde, chauffée à la vapeur au moins à 30 degrés. De là, nous pénétrâmes dans la troisième. A partir de ce moment, je crus être suffoqué par la vapeur, qui atteint une élévation moyenne de 40 degrés.

Mais peu à peu on se fait à cette gradation de la chaleur et on se laisse entraîner dans la dernière étuve au milieu d'un nuage de vapeur, fourni par une grande quantité de bouches. Ce nuage empêche de distinguer quoi que ce soit. A ce moment le thermomètre atteint 45 degrés. Même, si l'on se sentait défaillir, il il n'y a plus moyen de rétrograder ; vous n'avez plus votre volonté, vous devez suivre la marche qui vous est tracée par votre maître baigneur.

Au bout de quelques secondes, deux hommes s'emparent de vous et commencent l'opération du massage à l'aide de pelotes en fil d'amiante. Cette opération terminée, on nous fit passer sous une douche chauffée à une température très élevée; puis vient une ablution à l'eau tiède.

Après cela, on nous conduisit dans un dortoir, et après nous avoir enveloppés dans plusieurs couvertures en poil de chameau, on nous offrit de la limonade, du café et des chiboucs. Nous pûmes nous reposer au moins pendant une heure. On vint nous éveiller, et après nous avoir détiré tous les membres pour les rendre bien souples et leur donner de l'élasticité, nous fûmes remis en possession de nos vêtements et bijoux déposés au bureau.

Autant la fatigue était grande avant le repos, autant nous nous sentions maintenant dispos. Un bien-être général semblait avoir régénéré notre corps.

Enfin je pouvais maintenant juger, par moi-même, de l'effet et de la valeur d'un bain maure.

Le bain terminé, mes deux compagnons et moi songeâmes à utiliser les quelques heures qui nous restaient avant la tombée de la nuit et l'heure du dîner. Nous fîmes en voiture une course dans la ville Après avoir remis des cartes à nos consuls respectifs, notre cocher reçut l'ordre de nous faire voir ce qui reste maintenant de l'ancienne magnificence d'Alexandrie, c'est-à-dire les deux obélisques nommés les *aiguilles de Cléopâtre* et la *colonne de Pompée*.

Pour arriver à la colonne de Pompée, notre automédon nous fit passer devant l'hospice et par la porte de Sedria.

Cet endroit funéraire n'est pas dépourvu d'intérêt. Chaque personne enterrée a son sépulcre en briques et du côté de la tête se trouve une ouverture par laquelle les parents du défunt viennent déposer, tous les vendredis, des aliments, en prévision d'une résurrection inopinée.

Après avoir quitté le cimetière, nous suivîmes une route bordée d'arbres qui nous conduisit à la colonne de Pompée, située à peu de distance de la ville.

Cette colonne est érigée sur une colline qui domine la route. Sa base est composée d'un monceau de pierres diverses liées par un ciment romain des plus durs. Vient ensuite un piédestal lourdement ébauché qui ferait douter de la ressemblance du granit poli du reste de la colonne. Son fût est d'une seule pièce jusqu'à la naissance du chapiteau corinthien à feuilles de palmiers de la plus grande simplicité. La pureté du dessin, la finesse de l'exécution peuvent facilement faire croire à une origine plus moderne que celle que lui assignent les historiens.

En quittant la colonne nous longeâmes le canal Mahmoudieh, creusé par Méhémet-Ali, de 1819 à 1830, pour nous rendre au jardin du vice-roi, situé sur les bords mêmes du canal. Nous y retrouvons toutes nos fleurs européennes confondues avec les palmiers et bananiers et une quantité d'autres plantes exotiques. Ce jardin, d'une étendue considérable, tranche singulièrement par son style et la variété innombrable de ses plantes avec nos jardins d'acclimatation. Il a, en réalité, l'aspect d'un paradis terrestre. L'heureuse nature de son sol permet d'en jouir dans toute sa splendeur. Pour mettre le comble à cette harmonie de la nature, on a construit, au centre du parc, un kiosque, dans le genre de celui de Bade, ou des concerts des Champs-Élysées. Ce kiosque est destiné à la musique et, en effet, on y exécute presque journellement des morceaux choisis.

Il était temps de rentrer, aussi nous prîmes le chemin le plus direct pour regagner la place des Consuls.

Après le dîner nous eûmes la visite du vice-consul à Alexandrie, et celle de M. Nerenz, consul au Caire, qui était arrivé depuis la veille pour souhaiter la bienvenue à ses compatriotes. Ayant une lettre d'introduction pour M. Nerenz, je la lui remis, et dès cette première soirée passée avec lui, je pus juger de sa complaisance, dont j'ai eu tant de preuves pendant mon séjour en Égypte.

Sur une invitation qui nous avait été adressée par les membres du cercle allemand d'Alexandrie, nous y allâmes pour y passer quelque temps. Le reste de la soirée fut employé à visiter en toute hâte quelques cafés-concerts. Cependant je n'étais pas fâché de dormir une nuit en toute tranquillité après avoir passé sept nuits sur le bateau à vapeur ; j'abrégeai donc, autant que cela dépendait de moi, l'excursion entreprise dans la première soirée.

Sur l'invitation de M. Theremin, consul général de la Confédération de l'Allemagne du Nord, tous les Allemands à bord du *Mœris* se rendirent, le 16 octobre, par le chemin de fer, à Ramléh, où ce fonctionnaire habite une charmante villa, et où nous attendait un excellent déjeuner.

Ramleh (mot arabe qui signifie *sable*) est un endroit où les riches négociants d'Alexandrie, presque tous Européens, vont en villégiature et se reposent de leurs fatigues.

Arrivé à la gare, j'y rencontrai le baron de Korff et le capitaine Gustave de Moeller, qui, après avoir fait la route par la voie de Brindisi, se joignirent à nous pour prendre part à l'expédition dans la Haute-Égypte.

L'un est un des bons amis de ma famille, et l'autre a été attaché pendant plusieurs années à l'ambassade de Prusse à Paris. Je me trouvais donc en pays de connaissance et enchanté de trouver dans ces deux messieurs des éléments de plus pour ajouter à l'intérêt et aux agréments de mon voyage.

L'habitation de M. Theremin est très agréable. Le déjeuner, comme nous nous y attendions, était excellent; pour nous donner une idée de la cuisine du pays, notre compatriote nous fit servir comme entremets des « beignets de bananes » arrosés d'un vin du Rhin du meilleur crû, qui ne contribua pas peu à la gaîté générale et à la multiplicité des toasts.

C'est avec regret que nous fûmes forcés de quitter un hôte aussi aimable et aussi charmant, mais il fallait regagner Alexandrie et se préparer à nous rendre dès le lendemain au Caire.

Rentrés à Alexandrie, la soirée fut employée à parcourir la ville et à faire nos préparatifs pour notre départ.

Dans la matinée du 17 octobre un train spécial, mis à notre disposition, nous conduisit au Caire. Comme c'était un train tout à fait extraordinaire, on ne nous avait point délivré de billets, et nos bagages, transportés de l'hôtel à la gare sur de grands camions, n'avaient pas été enregistrés.

Défense la plus rigoureuse avait été faite aux Arabes chargés de transporter nos colis, de demander le moindre *bakchiche*.

Bakchiche, c'est le mot que tout étranger apprend dès son arrivée en Égypte ; car la mendicité est enracinée dans le peuple. Voulant m'occuper un peu de mon bagage, je retrouve le camion sur lequel mes malles se trouvaient entassées. En un clin d'œil, je suis entouré d'une foule d'Arabes qui se montrent très empressés auprès de moi, en m'offrant leurs services toujours en prononçant le mot répété *bakchiche, howaje, bakchiche!*

Le surveillant, armé d'un énorme bambou, voyant l'inconduite de ses subordonnés, distribuait force coups de canne à droite et à gauche, et naturellement les Arabes se hâtaient de se sauver devant cette injonction et ce rappel à l'ordre. Le surveillant regardait avec une certaine satisfaction autour de lui pour me prouver quelle était l'influence de sa personne. Après s'être bien assuré que les Arabes ne recommenceraient plus leurs importunités, il vint à moi, et en tendant la main, il me demande à son tour un bakchiche pour avoir chassé les mendiants qui me demandaient absolument la même chose.

Tout en riant de la manière dont il interprétait les instructions de ses supérieurs, je lui octroyai le bakchiche tant désiré.

Le train spécial, parti d'Alexandrie à neuf heures du matin, ne s'est arrêté qu'une seule fois en route, à mi-chemin, à Tanta, où un déjeuner copieux nous fut servi. Tonino-Bey, voyageant avec nous depuis Alexandrie, présidait à ce banquet.

Le reste du trajet fut effectué par la vallée fertile du Delta, et vers onze heures, nous étions arrivés au Caire où, d'après le dire des personnes bien informées, nous pouvions rester pendant cinq jours.

CHAPITRE IV

LE CAIRE

La citadelle. — La mosquée de Méhémet-Ali. — La tour d'Emin-Bey. — Le puits de Joseph. — L'avenue de Choubra. — Les bazars. — Visites chez des pachas. — Ali-Pacha-Chérif. — Ses chevaux. — Ses écuries. — Une chasse aux vautours manquée. — Les mosquées du vieux Caire. — Danse des derviches. — Le Kasr-el-Nil. — Audience chez le Khédive et chez l'héritier du trône. — M. de Lesseps. — Héliopolis. — L'arbre de la Vierge. — Mariage arabe. — Installation pour le voyage sur le Nil.

Notre installation à l'hôtel d'Orient eut lieu de la même façon qu'à Alexandrie. Des voitures précédées de saïs qui écartaient la foule en criant les mots jallah! ou bien guarda! marchaient au grand trot à travers la ville.

Si j'avais été fortement impressionné en arrivant à

Alexandrie, la première ville orientale que j'eusse vue, mais qui, par suite de l'élément européen toujours croissant, a beaucoup perdu de son originalité, l'impression que j'ai eprouvée en arrivant au Caire, la ville de l'Orient par excellence, fut bien autrement puissante.

Ici l'élément européen est presque nul, partout on aspire un souffle oriental qui a gardé son prestige, et qui se manifestait partout ou je fixais mes regards pendant le court trajet que nous fîmes du débarcadère du chemin de fer jusqu'à notre hôtel.

Cette cohue bruyante qui se heurte dans les rues et se presse pour faire place aux voitures de gala, aux cavaliers qui montent des chevaux arabes fougueux, aux caravanes de chameaux et aux femmes encapuchonnées montant à baudet, à l'instar des cavaliers, avec de larges vêtements flottants en soie de différentes couleurs, cette cohue, dis-je, était bien celle que j'avais souvent rêvée.

On avait laissé aux invités la liberté la plus complète d'employer leur temps selon leur bon vouloir et leur convenance, pendant les cinq jours que nous devions rester au Caire.

Je m'étais associé à M. Hubner, camarade d'études e M. Nerenz, consul de Prusse, et M. den Tex, dans le but de faire une promenade dans une voiture précédée d'un saïs et accompagnée d'un kavass du consulat, pour traverser la ville et nous rendre à la citadelle en passant par le Mouski, et en parcourant une infinité de petites ruelles dans lesquelles le soleil n'a jamais pénétré, car les maisons, déjà très rapprochées par elles-mêmes, sont encore avancées par des balcons qui surplombent les uns sur les autres, de manière qu'au troisième étage l'on peut facilement se donner la main et se passer tout ce que l'on désire. D'autres ruelles ont des toitures de tapis pour garantir les habitants des rayons par trop ardents du soleil.

Enfin nous arrivons à la citadelle, qui se trouve élevée de 95 mètres au-dessus du niveau des eaux du Nil.

De la terrasse de cette partie, il s'offre à la vue un panorama véritablement sans pareil. On découvre tout le Caire. C'est là que Saladin fit construire le château-fort et le palais appelé le *Divan de Joseph*, remarquable par ses trente-deux colonnes monolithes, soutiens et ornements de la salle principale. Mais la formidable explosion de 1823 dispersa tous ces monuments et, de plus, l'emplacement qu'il fallut pour la construction de la mosquée de Méhémet-Ali changea totalement tout ce quartier. Outre cette mosquée, la citadelle renferme comme curiosités le *Puits de Joseph* et la tour du haut de laquelle *Emin-Bey* se précipita avec son cheval, afin d'échapper à la mort qui frappait tous les Mamelouks.

Nous visitâmes en détail la grande mosquée de Méhémet-Ali, commencée en 1829 et qui ne fut terminée qu'en 1849. C'est un des monuments les plus remarquables de la citadelle par sa richesse et l'élégance de sa construction. Son dallage, tout en marbre, est recouvert des plus beaux tapis de Perse. Elle est reconnue pour être la mosquée la plus riche de toute l'Égypte.

Il y a au fond, dans la direction de la Mecque, le *Mihrah*, qui est à la mosquée ce qu'est le maître-autel à l'église catholique.

Le Mihrah est une espèce de niche pratiquée dans la muraille, ornée de colonnettes de marbres précieux, ne contenant ni images, ni rien qui ressemble à un autel. A côté du *Mihrah* se trouve le menber ou chaire à prêcher, surmonté d'un clocheton conique qui sert d'abat-voix. On y monte par un escalier en pente rapide, à balustrade élégamment ornementée.

La mosquée est précédée d'une cour à portiques au milieu de laquelle coule la piscine aux ablutions. Sur les flancs de la mosquée on remarque aussi un grand nombre de petits robinets destinés au même usage. Les minarets sont les clochers, hautes tours élancées à plusieurs étages et galeries circulaires où le muezzin monte quatre fois par jour, pour appeler les fidèles à la prière.

J'ai tenu à donner une description détaillée de la première mosquée que j'ai vue, pour la raison que toutes les mosquées sont construites sur le même modèle ; seulement leur richesse et leur magnificence diffèrent de beaucoup de celle-ci qui est, comme je l'ai mentionné plus haut, la plus riche de toute l'Egypte.

Les dallages de la cour sont, il est presque inutile de l'ajouter, du marbre le plus fin et le plus rare. Pour entrer dans une mosquée il faut ôter sa chaussure, car il est expressément interdit de toucher le sol d'une mosquée avec une chaussure qui a foulé le sol de la terre.

A droite, en entrant dans la citadelle, le visiteur trouvera la tour d'*Emin-Bey*. Elle a gagné de beaucoup en hauteur par les travaux de la place de *Roumélie*. On l'a débarrassée des décombres qui lui faisaient perdre de sa valeur, lors de l'évenement qui l'a rendue historique.

Le puits de Joseph, que la légende attribue à Joseph, fils de Jacob, entièrement creusé dans le roc, est tout près de là, et fait, comme je l'ai indiqué, également partie de la citadelle. Nous nous dirigeâmes de ce côté pour le visiter. Il atteint une profondeur totale de plus de 90 mètres divisés en deux parties de 40 et 50 mètres.

Un manége, mis en mouvement par des bœufs, élève l'eau à mi-hauteur, d'où un second l'amène à la partie supérieure.

En revenant de la citadelle, qui est aussi le siége de toutes les administrations centrales égyptiennes, nous reprîmes la route qui traverse le Caire afin de nous rendre à l'*Esbekieh*, nouveau quartier, fondé par Ismaïl-Pacha, et de là, à l'avenue des Champs-Elysées du Caire, nommée *avenue de Choubra*, lieu de rendez-vous de toute l'aristocratie où l'on rencontre des calèches, des cavaliers à cheval et à baudet, des voitures fermées et soigneusement gardées par quatre esclaves, car elles renferment les femmes du sérail du Vice-Roi ou celles des sérails des pachas. Nous vîmes aussi pendant notre promenade beaucoup de groupes de nos compagnons de voyage. C'était un échange continuel de salutations les plus amicales. Beaucoup d'entre eux qui, pendant le voyage sur le *Mœris*, étaient maussades, montraient, maintenant, qu'ils avaient le pied sur la terre ferme, la plus franche gaîté.

L'avenue de Choubra est bordée d'arbres d'une grande magnificence qui sont arrosés artificiellement par des canaux dans lesquels les eaux du Nil sont conduites, et par des *sakka* qui, à l'exemple des anciens, remplissent des outres (peaux de biches ou de chèvres) et viennent les vider au pied de l'arbre même.

J'ai pu enfin aussi voir et admirer pendant ma promenade la véritable Levantine, si renommée par sa beauté. Elle est le mélange de plusieurs types, ajoutant à la gentillesse de la Française les traits réguliers de la Grecque, et sachant mettre dans son regard la douceur de la blonde et la hardiesse de la brune.

Il fallait cependant songer au retour, car la fraîcheur de la nuit venait de se faire sentir.

Je passai ma soirée d'abord au cirque équestre, qui venait d'être inauguré dans un édifice nouvellement construit. Mais je n'y restai que peu de temps, pour me rendre encore dans un café arabe.

Comme il fallait être levé de bonne heure le lendemain, car en Égypte on est très matinal, je n'avais pas l'intention d'y rester fort longtemps.

La division du temps diffère beaucoup de nos usages; cela tient au climat et aux institutions en général. Ainsi à six heures, du moins à l'époque où je me trouvais au Caire, tout le monde était sur pied, les cafés ouverts, les magasins remplis de monde, les fonctionnaires et les employés vaquaient à leurs affaires. Entre midi et deux heures tout le monde fait la sieste. Les visites se font de grand matin jusqu'à dix heures au plus tard. J'avais destiné la journée du 18 octobre à faire des visites et à remettre des lettres d'introductions, dont mon excellent ami M. Kramer m'avait chargé. Mais en attendant l'heure convenable pour me présenter aux personnages élevés que je voulais voir, je me décidai à visiter quelques bazars arabes.

Quelle confusion de marchandises de toutes espèces, depuis le cachemire et le drap d'or le plus riche jusqu'au plus simple chiffon de toilette ! depuis le bijou le plus précieux enrichi de diamants jusqu'à la parure en imitation et en cuivre ! Des tapis de Smyrne, des kouffis, des tapis de table brodés, à perte de vue ! Là, dans une étroite ruelle, l'on entend les cris les plus perçants, poussés par un marchand qui vend à la criée l'objet de quelques piastres, et celui de 50 guinées à côté des baraques innombrables de parfumeurs qui débitent des essences ; puis viennent les marchands de tabac. Bref, on est bouleversé, poussé, presque renversé par des personnes assises sur des ânes ou des chameaux qui se fraient un passage à travers cette cohue affairée.

Je ne pus résister à la tentation de faire quelques

emplettes, mais il aurait fallu une bourse autrement garnie que la mienne pour pouvoir subvenir aux exigences de l'envie qui nous pousse toujours à nous embarrasser de mille objets futiles.

Je commençai ma tournée de visite par l'hôtel *Nubar-Pacha*, ministre des affaires étrangères, auquel je devais l'invitation que S. A. le Khédive m'avait fait la grâce de m'adresser. De là j'allai chez *Eram-Bey*, le secrétaire particulier du Vice-Roi, et puis chez Ali-Pacha-Chérif. Je mis à profit ces visites pour passer par des endroits de la ville que je n'avais pas visités la veille.

Ali-Pacha (Chérif), un des plus riches, si ce n'est le plus riche pacha de l'Egypte, me reçut de la manière la plus gracieuse.

Chérif signifie descendant directement (hommes ou femmes) du Prophète par la branche de Fathma, la plus jeune des filles de Mahomet et celle qu'il aimait d'un amour de prédilection. Fathma épousa Ali-ben-Abou-Taleb. Les descendants de Fathma constituent la seule noblesse bien acceptée par les musulmans.

Le titre de chérif exerce quelquefois un grand prestige sur les masses, mais il ne comporte pas la richesse et la puissance.

Il est des localités où les chérifs ont, comme de simples particuliers, les fonctions les plus humbles et les plus basses.

La qualité de chérif doit être établie par un titre de filiation inscrit sur une grande feuille de papier ou de parchemin.

Les chérifs sont très respectés de leurs coreligionnaires; en cas de misère ils ont droit à des secours d'argent prélevés sur les fonds du trésor public.

Il est évident que si un pacha, aussi riche que l'est Ali-Pacha, joint à ses richesses le titre de *chérif*, il doit être un personnage des plus éminents.

Il habite un somptueux hôtel situé, entre cour et jardin, dans le quartier de la vieille ville.

En entrant chez lui, j'y trouvai deux de mes compagnons de voyage français, MM. G. et O., qui venaient rendre leurs devoirs à Son Excellence.

Ali-Pacha m'invita à m'asseoir à côté de lui sur un moelleux divan recouvert en brocart d'or. Des serviteurs vinrent m'offrir un chibouc et du café, servi sur un plateau en or massif.

Nous nous mîmes à causer sur l'Égypte et sur les améliorations introduites dans ses institutions par le Khédive.

Ali-Pacha mit ses bons offices à ma disposition, dans le cas où je pourrais y avoir recours. Je le remercia de ses bonnes dispositions à mon égard, en alléguant que, comme hôtes du Khédive, nous avions été reçus partout avec tant de déférence et d'hospitalité qu'il me semblait que S. A. le Vice-Roi avait eu à cœur de renouveler dans ses états toutes les merveilles des *Mille et une Nuits*.

Il me montra ensuite ses écuries, dont je lui fis les plus sincères compliments.

Ces écuries sont de grandes et spacieuses salles soutenues par plusieurs rangées de colonnes en marbre. Il n'y a ni box ni crèches. J'appris qu'en général les écuries de l'Orient sont dépourvues de ces deux objets qui constituent la base de chaque écurie européenne.

Dans les angles et au centre de chaque salle se trouvent des poulies avec un nombre variable de cordes, d'une longueur de 20 à 25 mètres, auxquelles les chevaux sont attachés par le pied droit, de sorte qu'ils conservent la faculté de se mouvoir selon leur désir. Beaucoup de chevaux étaient sellés même à l'écurie. Çà et là des couchettes en sciure de bois.

Dans la cour qui précède l'écurie, il y avait une grande quantité de blocs en marbre, en forme de cylindres creusés, et qui tiennent lieu de crèche. On y met la nourriture, qui consiste généralement en orge, dourrah, etc., etc., et qui leur est servie régulièrement deux fois par jour.

Comme j'avais été frappé de la rare beauté de plusieurs de ses chevaux, Ali-Pacha en fit sortir quelques-uns afin de les faire courir sous nos yeux dans la cour de son hôtel.

Au moment où j'allais prendre congé de lui, il me demanda si j'étais chasseur, et, comptant que je reviendrais au Caire, après les fêtes de l'inauguration du canal de Suez, il me proposa d'arranger une chasse aux vautours à laquelle il me priait d'avance d'assister.

— Mais, me dit-il, il faut bien nous entendre pour le jour, car je ne voudrais pas renouveler ce qui m'est arrivé l'année dernière.

Alors il me raconta qu'en l'honneur d'une personne qui lui avait été recommandée, il avait arrangé une chasse de ce genre, et qu'afin d'avoir une grande quantité de vautours il avait fait abattre, la veille, un vieux cheval à l'endroit du rendez-vous.

Une circonstance fortuite avait forcé son hôte à le prier de remettre la chasse au lendemain.

Ali-Pacha consentit à ce retard; et le lendemain, continua-t-il, nous nous trouvions à l'heure fixe au rendez-vous: mais quel ne fut pas notre étonnement en n'apercevant pas un seul vautour dans l'espace ; mais, en revanche, la carcasse du cheval parfaitement nettoyée ; il ne restait pas un filament de toute sa chair.

Les vautours, après avoir fait bombance, s'étaient enfuis sous d'autres cieux, chercher une autre pâture.

Je quittai Son Excellence en la remerciant, mais en lui exprimant mon regret de ne pouvoir accéder à sa demande.

Il me restait une lettre d'introduction destinée à Chérif-Pacha, président du conseil et ministre de l'intérieur.

Son palais étant situé hors les portes, j'avais conservé cette course pour la dernière.

Comme il fallait, pour la faire, continuer mon chemin par le vieux Caire en traversant l'ancienne place Roumeleh, aujourd'hui square Mehemet-Ali, je passai sous la porte où, le 1er mars 1811, eut lieu le massacre des mamelouks, ordonné par Mehemet-Ali.

J'arrivai, par une infinité de ruelles, au palais ; pour m'en revenir, car Chérif-Pacha, mandé par le Khédive, n'était pas chez lui, je dus me contenter de remettre ma lettre et de continuer mes excursions en visitant les tombeaux des mamelouks.

Il me restait beaucoup de temps. J'en profitai pour

aller visiter, en compagnie de M. de Moeller, les mosquées réputées pour les plus anciennes de la ville.

En revenant de chez Chérif-Pacha, je parcourus les quartiers du vieux Caire.

Nous franchîmes le pont de pierre jeté sur le canal de Hakan, surnommé tout simplement le khalig (*canal*). On n'est guère d'accord sur le véritable fondateur de ce canal; les noms les plus souvent prononcés sont ceux de Trajan, d'Adrien etc.; mais ce qu'il y a à constater, c'est qu'il existait du temps de Sésostris, et qu'à cette époque, il allait s'embrancher au grand canal du Nil à la mer Rouge dont la prise d'eau était à *Zagazig*, et que, passant par le Sérapéum, les lacs amers, enfin Suez, il atteignait une longueur de 136 kilomètres de Zagazig à Suez.

Plus tard, sous les Romains, une seconde branche relia l'Égypte à la mer Rouge par le vieux Caire, ainsi qu'elle l'était sous les Pharaons par Zagazig.

L'an 644, le khalife Omar le fit recreuser et le passage en fut ouvert; puis le khalife Abou-Gafar-el-Mansour, un siècle et demi après, le fit combler, à la suite de la guerre avec l'émir de Médine; depuis il n'a pas été touché et il reste presque inconnu. A quelque distance du pont du Khalig, nous avons passé au bas d'un aqueduc immense composé de 289 arches et dont la longueur dépasse deux mille mètres. Cet aqueduc fut construit sous le règne de Saladin.

Le véritable but de mon excursion dans ce quartier du Caire était principalement le *château de lumière*, (Kasr-el-Chama). Ce château est, comme la citadelle, une espèce de cité qui a ses maisons, rues et marchés, et dont les habitants sont presque tous coptes. On y trouve plusieurs couvents, entre autres celui de Saint-Georges où l'on découvre une grotte dans laquelle la Vierge et Jésus-Christ, si l'on ajoute foi à la tradition, ont séjourné quelque temps.

Nous visitâmes tour à tour les plus anciennes mosquées du Caire ; je citerai, parmi les plus remarquables, celle qui fut fondée par Amrou-ebn-el-Aas, lieutenant du khalife Omar. Elle a 1228 ans d'existence. Malgré l'état de ruine dans lequel elle se trouve, on peut retrouver dans cette construction le grandiose, et surtout la simplicité de son architecture. On y trouve encore les colonnes en granit et en porphyre, fournies par les ruines de Memphis. Quelques historiens soutiennent que le Coran était inscrit tout entier en caractères d'or sur les parois de ses murs revêtus de marbre blanc. Les restes de cette antique mosquée valent bien l'admiration avec laquelle on les contemple.

La mosquée de Touloun, bâtie en 867, est surtout

remarquable par la forme ogivale de sa construction. Celle d'El-Azhar porte en divers endroits la preuve des restaurations qu'elle a subies, à plusieurs reprises, et dont la dernière remonte en 1762.

Elle est l'asile de la science la plus avancée de l'Arabie. L'étude du Coran, la grammaire et la versification y ont des cours auxquels assistent des milliers d'auditeurs venus de toutes les contrées musulmanes. Je terminerai ces données sur les mosquées que j'ai décrites, par quelques détails sur celle de Kalaoun. Dans la salle du tombeau se trouve le fameux kaftan et la ceinture de Kalaoun, laquelle, moyennant une faible rétribution, est posée sur le dos des malades qui, d'après la légende, s'en retournent entièrement guéris. La cour de cette mosquée est remplie d'aveugles, de bancals, d'estropiés. C'est une véritable cour des Miracles.

Dans la soirée, je me rendis dans le quartier arabe vers un gahoua (cabaret). On y servait du café en attendant le commencement du « *zikr* », la danse des derviches.

La consommation de café est en Orient immense et la préparation en diffère de beaucoup de celle qui est usitée en Europe. C'est une affaire trop importante pour la passer sous silence.

Les fèves de Moka ou de Habès sont placées sur une poêle où on les laisse jusqu'à ce qu'elles atteignent une couleur brunâtre. On les écrase ensuite à l'aide d'un pilon dans un mortier, et puis on fait bouillir cette poudre dans un vase de ferblanc. Le café liquide est ensuite servi avec le marc. Chaque individu reçoit une petite coupe en porcelaine placée dans une autre coupe en métal semblable à un coquetier, et qui est, d'après la fortune des individus, en or, argent, cuivre, etc.

Le café est en Orient un véritable besoin. Ses qualités tonifiantes et vivifiantes sont d'autant plus appréciées, que l'on s'approche davantage des tropiques. Aussi en avons-nous fait, pendant notre séjour dans la Haute-Égypte, une consommation tout exceptionnelle. Il y a des voyageurs qui se sont administrés quinze à vingt fois par jour cette potion fortifiante.

Après cette courte digression, je reviens à la danse des derviches.

A l'heure fixée, un vieil arabe entre, embrasse tous les assistants (derviches), se débarrasse de la couverture de laine qui lui servait d'habillement, et commence, au son d'un tambourin et de quelques flûtes, une multitude de tours sur lui-même; quelques instants après, il se met à gambader d'une façon grotesque. Un second, puis un troisième, enfin une douzaine répètent ce que le premier avait fait. Puis quand la fatigue les eut rompus, ils s'embrassèrent tous, formant un cercle et se soutenant les uns les autres, recommencèrent leurs danses en poussant des cris de joie et des chants inarticulés. — Cet exercice continue pendant des *heures entières*. J'étais sorti pendant une heure, et lorsque je revins, je les trouvai encore dans le même cercle, le vieil arabe toujours au centre, battant la mesure et les encourageant à persévérer. On m'a dit, mais je ne l'ai pas vu, que la cérémonie, surtout remarquable pendant les grands jours de fête, finit de la manière suivante :

Quand, au bout de plusieurs heures, la sueur ruisselant de tout son corps, la tête en feu et les yeux hagards, le premier, soutenu jusque-là par les autres, vient à succomber, le cercle se rompt un instant pour se reformer aussitôt après sa chute. Les autres continuent cette danse frénétique, foulant aux pieds le défunt, dont l'âme, disent-ils, est au septième ciel dans les bras de Mahomet. Mais ce n'est pas assez d'une victime de ce fanatisme stupide. Un second derviche a bientôt le sort du premier, et souvent tous succombent, à l'exception d'un seul. Le dernier se met alors à pleurer comme un enfant en disant que Mahomet n'a pas voulu de lui parce qu'il n'est pas un vrai croyant, et que pour expier ses fautes il se privera de nourriture tant que le soleil sera à l'horizon, pendant quarante jours; mais il ne leur est pas défendu de faire bombance pendant la nuit jusqu'au lever du soleil. Ceci est une compensation assez large pour les privations auxquelles ils s'assujettissent pendant le jour.

C'était avec intention que je m'étais hâté de remettre les lettres d'introduction que j'avais pour les pachas; car, d'après ce que m'avaient dit plusieurs de mes compagnons, les hauts fonctionnaires auxquels j'étais recommandé se trouveraient justement dans l'entourage de Son Altesse le Khédive, au moment de notre réception.

D'ailleurs, déjà les jours précédents, Son Altesse s'était fait présenter, par différents groupes, les invités arrivés en même temps que nous au Caire.

Le jour destiné à la réception des invités allemands était fixé au 19 octobre. Ceux d'entre nous qui avaient droit à l'uniforme s'en étaient revêtus, tandis que les autres avaient mis l'habit noir et la cravate blanche.

Nous nous rendîmes en voiture, deux par deux, au château de Kasr-el-Nil.

C'est un palais superbe situé sur les bords du Nil, avec terrasses, balcons et vérandas. Les appartements occupés par le Khédive sont précédés de bâtiments où sont casernées les troupes; c'est aussi dans cette partie du palais que sont installées les écuries royales. Au centre même de la résidence royale vient aboutir un embranchement du chemin de fer, de façon que le Vice-Roi peut, à toute heure, se mettre en voyage à l'insu de toute sa capitale. S'il prend envie au Vice-Roi de faire une promenade sur le Nil, il peut s'embarquer au palais même. Nous avons dit plus haut que l'habitation royale est située sur les bords du fleuve. Ismaïl-Pacha sait se rendre la vie agréable et, certes, il a bien raison.

Nos voitures s'arrêtent devant la façade principale. A notre entrée dans le palais, nous sommes reçus par un maître des cérémonies; ensuite, après avoir traversé une enfilade de salons richement tapissés, nous sommes conduits dans une belle salle, ayant une énorme fenêtre à balcon donnant sur le Nil. On jouissait de ce balcon d'un coup d'œil admirablement beau.

Après y avoir attendu quelques minutes, nous fûmes introduits dans la salle où se trouvait le Khédive.

Ismaïl-Pacha possède un embonpoint marqué, mais sa corpulence se trouve en parfaite harmonie avec sa taille. L'expression de sa figure mâle est aimable. Il était vêtu d'une redingote noire à une rangée de boutons et il portait sur la tête la coiffure nationale de l'Égypte, le tarbouche, espèce de calotte rouge sous laquelle il y a un bonnet de coton blanc, le tagieh, pour garantir le drap.

A notre entrée nous fûmes tous présentés individuellement. Son Altesse donna la main à chaque invité. Il nous fit asseoir ensuite tout autour de lui et entama la conversation sur notre voyage, nous disant que son désir était que nous fissions un long séjour en Égypte, afin de bien connaître tous les monuments et curiosités de cet ancien continent.

« Vous verrez, » nous dit le Khédive, « les monu-
« ments de l'ancienne Égypte d'abord, et ensuite
« l'œuvre moderne, le canal de Suez, qui s'est heu-
« reusement achevée sous mon règne. »

Son Altesse nous fit sentir son désir d'obtenir pour l'Égypte un essor bien plus grand que ce qui avait eu lieu jusqu'alors au sujet du mouvement du commerce, de l'industrie et de l'agriculture.

La conversation, faite en langue française (je n'ai pas à ajouter que le vice-roi parle cet idiome de la manière la plus pure et la plus correcte), était générale. Cependant le Vice-Roi adressa quelques paroles en particulier à M. Lepsius qu'il connaît depuis longtemps, à la suite des nombreux voyages de ce savant en Égypte.

Bref, après une audience d'une demi-heure, nous nous retirâmes et, en passant dans la salle contiguë, j'y rencontrai Nubar-Pacha, avec lequel je renouvelai connaissance. Je me fis présenter à Chérif-Pacha, que je n'avais pas trouvé la veille chez lui, et à Eram-Bey. Chacun de ces hauts dignitaires me témoigna un véritable intérêt, ce que je devais sans doute aux lettres d'introduction que je leur avais remises.

En quittant Kasr-el-Nil, quelques-uns de mes compatriotes, et j'étais du nombre, se rendirent chez M. de Lesseps, afin de lui offrir leur tribut d'admiration. Il nous était intéressant d'entendre de la bouche même de l'homme éminent auquel on doit sinon la création, du moins la mise à exécution de l'œuvre gigantesque que nous étions appelés à admirer dans peu de temps, l'appréciation de ce travail.

M. de Lesseps nous reçut avec cette franche cordialité qui le caractérise et dont toutes les personnes qui ont été en contact avec lui garderont toujours le meilleur souvenir.

Dans l'après-midi, les invités allemands voulaient présenter leurs hommages à l'héritier présomptif du trône. Je n'avais donc que quelques heures à utiliser. Le temps étant trop court pour faire une excursion, je me rendis de nouveau aux bazars, où la vie a quelque chose de si pittoresque, qu'on peut facilement se croire transporté dans le pays des contes orientaux.

Le voyageur européen passera sans ennui des heures entières dans ces boutiques, toujours son regard est attiré par quelque chose de nouveau et d'intéressant.

Pour l'observateur, il ne peut nulle part aussi bien étudier les mœurs, les usages et les coutumes qu'en passant par le Mouski ou en parcourant les bazars, et pourvu que l'on soit un peu physiognomiste, il s'offre alors à vous une multitude infinie de curiosités qui frappent votre imagination. Des hommes coiffés de tarbouches, d'autres de turbans, blancs ou verts (descendants du prophète), vêtus de kaftans de toutes les nuances, depuis les étoffes les plus riches brodées d'or et de soie jusqu'à la simple étoffe de laine rouge, blanche, jaune, violette, rayée ; des ceintures enrichies de pierres précieuses avec des armes de toutes dimensions, des babouches rouges ou jaunes ; à côté d'eux des fellahs qui ont à peine de quoi se vêtir, des coptes coiffés d'un fez noir, l'écritoire en cuivre jaune dans la ceinture ; des bédouins drapés artistement dans des manteaux blancs, des cavaliers à cheval, à baudet ; des caravanes de chameaux et une foule innombrable de chameaux pour transporter d'énormes caisses ou ballots, des voitures attelées de chevaux magnifiquement harnachés, conduites par des cochers habillés en costumes orientaux et devancés par des saïss qui, un bâton à la main, courent à pieds nus devant la voiture pour faire de la place et avertir les piétons ; des femmes arabes toutes voilées, de sorte que l'on ne peut voir que leurs yeux : tels sont les acteurs de ce mouvement sans nom. Tout et tous se heurtent, se poussent contre vous en vociférant, criant à tue-tête, de sorte que l'on ne croit pas avoir assez de deux yeux pour contempler et de deux oreilles pour entendre les merveilles qui se déroulent devant votre esprit.

A trois heures nous nous rendîmes à la citadelle, où l'héritier présomptif du trône, Tewfik-Pacha, habite le palais de Méhémet-Ali. A l'heure convenue, tout le monde s'y trouvait réuni. C'est M. Theremin, le consul général, arrivé depuis la veille, qui nous a présentés. Le cérémonial, chez ce jeune prince, était à peu près le même que chez son auguste père ; cependant le jeune pacha, voulant probablement nous faire voir que la réception dont il nous honorait avait un caractère entièrement privé, nous fit servir, aussitôt que nous fûmes assis en cercle autour de lui, du café et des chibouques. Son Altesse, qui a fait ses études à Paris, nous adressa, comme le Khédive, la parole en français.

L'audience terminée, nous rentrâmes chez nous en faisant des détours par les rues du Caire pour nous arrêter à des points de vue ou monuments que nous n'avions pas encore observés pendant nos premières courses à travers la capitale.

Le Grand-Théâtre n'étant pas encore entièrement achevé et n'attachant aucun intérêt à m'enfermer le soir dans les cafés-concerts établis dans les nouveaux quartiers du Caire, à l'instar des établissements parisiens, je préférai flâner dans les rues avec plusieurs de mes compagnons de voyage.

Du reste, comme il fallait se lever de très grand matin pour faire des excursions, je regagnai d'assez bonne heure mon hôtel.

Jouir seul des aspects et des monuments d'un pays aussi intéressant que celui que nous visitions, ce n'est qu'en jouir à demi. Aussi acceptai-je avec empressement la proposition que me firent deux compagnons de cabine sur le *Mœris*, MM. Franchot et Cavallier de

Lourmarin, de me rendre avec eux à Héliopolis et à l'arbre de la Vierge.

La route qui y mène est excellente, constamment arrosée par des fellahs et maintenue dans un état de propreté fort remarquable. On passe devant l'Abbasieh, palais construit par Abbas-Pacha pour sa résidence et occupé maintenant par l'école militaire. Nous vîmes en passant, il n'était pas encore sept heures du matin, les troupes occupées à faire leurs exercices militaires.

Au bout d'une heure et demie de chemin à travers un paysage ravissant, à l'ombre des palmiers et des dattiers, nous arrivâmes à un jardin attenant au village de Matarieh où se trouvent l'arbre et le puits de la Vierge. La légende dit que c'est sous le sycomore énorme que l'on voit dans un jardin de roses et jasmins, entouré de bosquets d'orangers, que la vierge Marie et l'enfant Jésus se reposèrent lors de leur fuite en Egypte.

En entrant on aperçoit, à droite, un oratoire bâti sur les ruines d'une église copte, nommée le Reposoir.

Dans l'enceinte de cette église on voit un réservoir. C'est là que la Vierge aurait eu l'habitude de laver le linge de l'enfant Jésus. Il va sans dire que, tous, nous bûmes de l'eau de ce puits et que nous emportâmes des branches de ce sycomore.

Ce jardin est un des points les plus ravissants de

l'Égypte; des bosquets de rosiers hauts de 3 à 4 mètres, des jasmins, des orangers exhalent un parfum délicieux.

Nous apprîmes plus tard que l'Impératrice, ayant visité peu de temps après nous ce jardin magnifique, en a été tellement émerveillée, que le Khédive le lui aurait offert.

A peu de distance de ce jardin se trouvent les ruines d'Héliopolis — ainsi nommée parce qu'il y avait un magnifique temple du Soleil. — Il ne reste de ces merveilles que quelques décombres et quelques morceaux de sphinx et quelques briques, qui formaient l'enceinte du temple.

Un seul obélisque y est resté. C'est le plus ancien de l'Égypte ; il porte des cartouches d'Ousentasens I. Un second obélisque, avec ce premier, marquait l'entrée du temple ; mais, tombé et brisé dans sa chute, il se trouve entièrement enseveli aujourd'hui.

Pour nous en retourner, nous choisîmes une autre route que l'on était occupé à réparer, car la crue du Nil l'avait endommagée sur beaucoup de points. Des fellahs travaillaient à combler les vides et étaient encouragés, dans cette besogne, par des surveillants, à grands coups de bambous.

Le chemin que nous suivions nous conduisit à un immense palais que Mustapha-Pacha, frère du Khédive, fait construire à ses frais. C'est un édifice grandiose et spacieux, situé dans un parc magnifique, tracé avec beaucoup de goût, ayant des pièces d'eau, des pavillons détachés et tout le confort imaginable.

Souffy-Effendi, l'un des maîtres de cérémonies du Khédive, assistait ce jour à notre dîner. Le but de sa visite était de nous avertir que le départ des invités, se rendant dans la Haute-Egypte, étant définitivement fixé au 22 octobre dès le matin, nous devions prendre nos dispositions d'installation sur les bateaux à vapeur, au plus tard, le lendemain.

Le temps que nous pouvions rester au Caire se trouvait donc bien limité, et cependant combien de choses ne nous restait-il pas à visiter et à étudier encore !

Mon drogman me conduisit ce soir-là dans plusieurs cafés arabes. Du reste, ce drogman était une espèce d'original. Il parlait quelques mots de français mélangés d'italien, le reste était complété par des gestes assez significatifs. Il m'expliquait comme quoi il avait droit au titre d'Effendi, que l'on donne généralement aux personnes lettrées ou instruites ; mais si mon drogman avait droit, ce dont je doute cependant, à porter ce titre, je crois que le titre d'Effendi n'implique pas toujours des connaissances bien étendues.

Afin de faciliter notre embarquement sur les différents bateaux à vapeur, on avait désigné parmi les invités plusieurs délégués chargés de régler, avec les employés de la grande maîtrise du Khédive, la division des invités par groupes. Dans la journée du 21 octobre, chacun de nous devait recevoir un petit billet, indiquant et le nom du bateau et le numéro de la cabine qui devait nous loger pendant trois semaines. C'était le temps fixé pour notre séjour sur ce beau fleuve.

On s'était proposé d'employer la matinée du 21 à visiter le musée de Boulak, sous les auspices de MM. Lepsius et Dümichen, nos deux savants compatriotes. Le musée de Boulak contient la riche collection d'antiquités égyptiennes fondée par les ordres du Khédive à son avénement au trône d'Egypte, et dirigée par Mariette-Bey.

Malheureusement, en me levant, je me sentais tellement mal à mon aise que, sur l'avis de M. le conseiller Veit, je fus obligé de passer la plus grande partie de la journée au lit. C'était d'autant plus fâcheux que ce jour tout le monde avait assez à faire en ne s'occupant que de soi-même, en veillant à son installation, en faisant ses malles pour le voyage de la Haute-Egypte. J'eus la bonne fortune, non-seulement de trouver des âmes charitables qui s'occupèrent de ma cabine, mais encore d'autres qui se chargèrent de faire mes malles pour cette expédition.

Pouvant rester levé dans le courant de la journée, je vis de ma fenêtre un cortége du plus singulier aspect. Une bande, composée d'hommes, de femmes et d'enfants, s'avançait, précédée d'un corps de musique où les instruments de cuivre, les grosses caisses, les chapeaux chinois dominaient. Les cris des hommes, des femmes et des enfants, mêlés aux sons discordants des instruments, avaient quelque chose de pareil à la trompette du jugement dernier. Le drogman, que je fis appeler, me donna l'explication de cette cérémonie : c'était un cortége de mariage revenant de la noce et reconduisant les nouveaux mariés à leur domicile.

Voici ce que j'appris de mon interlocuteur au sujet des mariages arabes :

Aux yeux des Arabes, un homme marié a plus de mérite devant Dieu que le célibataire, quelque pieux qu'il soit. D'ailleurs, l'homme, dès qu'il est entré dans l'âge de la puberté, a le droit de prendre quatre femmes légitimes, tandis que la femme ne peut appartenir qu'à un seul musulman.

Le futur ne voit presque jamais celle qu'il doit épouser; cependant, lorsque le mariage est bien arrêté, on accorde au prétendant de voir la main et la figure de sa future épouse.

Tandis qu'un fils peut se marier sans l'autorisation de ses parents, la jeune fille ne peut se passer du consentement de ses père et mère.

L'engagement de se prendre pour mari et femme doit être clairement exprimé devant deux témoins.

Les formules employées dans ce cas sont les suivantes :

Le prétendant dit au père ou au tuteur de sa fiancée : « M'accordes-tu en mariage une telle, à la charge par moi de lui payer un don nuptial de tant? »

Le père ou tuteur répond : « Je t'accorde pour épouse une telle, à condition par toi de lui payer un don nuptial de tant! » Tout, chez la jeune fille, tient lieu de consentement, « le rire, le silence, et même les pleurs. » Ensuite le mari offre un banquet auquel les parents et amis sont conviés. Les fêtes durent généralement plusieurs jours. C'est à la fin des fêtes que le couple est reconduit triomphalement au domicile conjugal. C'est une procession de ce genre, qui est excessivement bruyante, que je venais de voir passer.

L'idée, assez répandue en Europe, que les musulmans achètent leurs femmes est entièrement erronée. Le père reçoit la dot du mari quand sa fille est vierge, ou bien quand, jeune encore, elle n'a été mariée qu'une fois ; il est stipulé par les lois que la dot que le père perçoit pour la nouvelle mariée appartient à cette dernière et doit lui revenir intégralement. Le père ou le tuteur, ayant reçu la dot, en justifie l'emploi, en achetant les cadeaux de noces et en attestant par les témoins qu'ils lui conviennent et qu'ils lui ont été remis.

Le divorce se fait avec beaucoup de facilité. Dès que l'homme prononce, dans une querelle conjugale, la formule du divorce, la séparation devient inévitable. Si le mari veut reprendre sa femme il faut repasser un nouveau contrat et refaire un nouveau mariage avec elle. Immédiatement après le divorce, la femme peut se remarier à un autre homme.

Vers le soir, j'appris que tout était réglé pour notre départ. J'avais eu la chance d'être inscrit sur deux bateaux. Comme il me restait à opter, je choisis la place qui m'avait été réservée par mes compatriotes sur la dahabieh l'*Ibis,* remorquée par le bateau à vapeur *El Ferus.*

Le soir même du 21, je me sentais assez rétabli pour pouvoir me rendre à Boulaq, où les bateaux à vapeur étaient mouillés.

Je m'installai immédiatement dans ma cabine, car le lendemain matin, au lever du soleil, nous devions commencer notre expédition sur le Nil.

CHAPITRE V

VOYAGE SUR LE NIL

Ire PARTIE

Du Caire à Thèbes

Départ. — La dahabieh. — La prière de l'équipage. — Les inondations. — Visite d'un fakir. — Réception chez le Moudir de Minieh. — Nouveaux alliés français. — Rodah. — Siout. — Fantasia — Kenneh. — Fête chez l'agent consulaire. — La célèbre Bédaouia. — Temple de Dendérah. — Origine des divers ordres de colonnes. — Arrivée à Louqsor.

Le 22 octobre, à six heures du matin, les bateaux ayant à bord les invités du khédive partirent à toute vapeur.

La dahabieh est une espèce de barque de 30 à 35 m. de long sur 3 à 4 de large, divisée en deux parties à peu près égales. Sur celle de l'arrière, où sont ménagés des cabines et des salons, est pratiquée une sorte de dunette à laquelle on arrive par un escalier de quelques marches; cette dunette est garnie de divans et couverte d'une tente pour préserver les voyageurs contre l'ardeur du soleil. Cet emplacement peut servir de point de vue, tout en tenant lieu de salon de réunion.

C'est sur cette dunette que nous passions toutes nos matinées, jusqu'au moment où le *Ferus* (le Vainqueur), par des coups de sifflet répétés, nous annonçait que l'heure du déjeuner était arrivée, détail auquel nous ne pensions guère, tant notre esprit était absorbé par la magnificence du panorama qui se déroulait sous nos yeux.

C'est là aussi que, quand le soir était venu, nous nous oubliions à contempler la splendeur du firmament, en admirant ce ciel tellement étoilé qu'il en projette une clarté assez vive sur la terre.

Ce ciel, qui n'est jamais troublé par le plus léger nuage, vous porte malgré vous à la rêverie et force les natures les moins poétiques à la contemplation. Bien des fois je me suis réveillé en sursaut après m'être laissé aller plusieurs heures à ces douces rêveries.

Mais, revenons à notre dahabieh. A l'intérieur, un petit corridor donne accès à droite et à gauche aux portes des cabines assez spacieuses (j'habitais à droite, tandis qu'en face de moi, à gauche, se trouvait le conseiller Dr Veit), et aboutit à un grand salon éclairé par une coupole et par des fenêtres closes, non-seulement par des châssis en coulisses, mais encore par des jalousies.

Ce salon était meublé de divans recouverts d'une étoffe élégante, de portières et lambrequins de la même nuance, de tablettes pour déposer nos livres, cartes, longues-vues, jumelles, encriers, buvards, et tous les objets pouvant nous servir dans notre voyage. Une grande table se trouvait placée au milieu du salon, juste au-dessous de la coupole.

Au fond, une porte, opposée à celle de l'entrée, donnait sur un corridor qui, des deux côtés, donnait entrée aux autres cabines, et qui aboutissait à un autre petit salon situé au-dessous du gouvernail, et servant de cabine à deux de nos compagnons de voyage.

La seconde moitié, à l'avant de la dahabieh, était occupée par l'équipage; il s'y trouvait aussi une sorte de guérite où était installé un fourneau sur lequel on préparait le matin notre café, thé ou chocolat. Plus, un endroit pour un bardâq, d'une capacité de deux mètres cubes. C'est dans cette fontaine qu'on filtrait l'eau du Nil. C'est aussi sur l'avant que dormaient les reïss (timoniers) et les autres fellahs formant l'équipage, et qui n'avaient guère autre chose à faire qu'à dormir, puisque nous étions remorqués par un bateau à vapeur.

La forte crue du Nil avait fait faire des changements dans l'ordre indiqué par le programme que l'on nous avait distribué la veille de notre départ. C'est ainsi que la visite aux Pyramides fut remise à l'époque de notre retour de la Haute-Égypte.

La première journée du 22 s'écoula sans aucun fait remarquable ; nous continuâmes notre route jusqu'au coucher du soleil tout en admirant le grandiose effet du débordement du Nil qui ressemblait, en ce moment, à un lac immense, dont les rives se dérobaient entièrement à la vue.

Nous avions heureusement pour remorqueur un excellent marcheur qui pouvait filer de 12 à 15 nœuds. Aussi, dépassâmes-nous bientôt les autres embarcations. Fiers de notre marche, nous poursuivions notre route en adressant nos saluts aux autres embarcations qui, de leur côté, ne manquaient pas de nous saluer de leurs acclamations.

Pour les repas, nous étions obligés de nous rendre sur le *Ferus*. Lorsque la dahabieh était assez rapprochée du pyroscaphe, on jetait un pont improvisé de l'un à l'autre, le transbordement s'effectuait très facilement.

Une des choses qui me frappa le plus à bord, ce fut de voir la régularité avec laquelle les gens de l'équipage s'acquittaient de leurs devoirs religieux.

Ainsi, le matin à six heures, puis à midi, et enfin le soir à six heures, tout l'équipage, se tournant vers le levant, commençait sa prière.

Le véritable croyant fait sa prière cinq fois par jour : 1° peu de temps avant l'aurore, prière qu'il nomme le *Fedjer;* 2° à midi, le *Dhaur;* 3° à trois heures, l'*Aser;* 4° au coucher du soleil, le *Morreb*, et enfin à la tombée de la nuit.

Le mahométan, avant de se mettre en prières, doit se laver la figure, les mains et les pieds, et dans le cas où il ne pourrait se procurer d'eau claire, il prend de la poussière dont il se frotte la tête, les pieds et les mains.

Ne pouvant prier que dans des endroits purs, lorsqu'ils se trouvent dans la rue à l'heure d'une prière, ils étendent une natte ou tapis sur la terre, et se tournant toujours vers la Mecque et élevant les deux bras en l'air, ils commencent à murmurer quelques sons ; puis, se mettant à genoux, ils se touchent les yeux, les oreilles, enfin tous les organes des sens, en remerciant Allah de leur avoir accordé tous ces dons. Alors ils se courbent, offrant à Dieu tous ces biens en échange du pardon des fautes qu'ils ont commises.

Le *Fedjer* est la prière préférée de Dieu ; aussi, dans l'intérêt des croyants, le *Mouédin* (crieur), du haut des minarets, une heure avant le lever du soleil, appelle-t-il par ces mots : *Allah kerim* (Dieu est grand), la multitude à la mosquée ou au moins à la prière ; quand il s'agit du *Fedjer*, il ajoute : « La prière est préférable au sommeil ; » mais son cri habituel est : « *Il n'y a de Dieu que Dieu et Mahomet est son prophète.* » Alors vous voyez de tous les coins sortir les Arabes qui, encore tout endormis, ou se dirigent vers la mosquée ou étendent sur la terre leurs nattes, se préparant à saluer le jour par une prière adressée à Dieu.

Il en était de même sur la dahabieh, mais ils avaient bien soin de faire des calculs afin de savoir de quel côté se trouvait la Mecque.

Le *pèlerinage de la Mecque* est recommandé, par le verset 192 du Coran, à tous les véritables croyants, au moins une fois dans leur vie. Il consiste à aller visiter le temple de la *Kaâbah*, qui fût construit par Abraham.

La femme comme l'homme doit faire le pèlerinage

de la Mecque. Après s'être préparé par la prière et la méditation à ce voyage, le musulman se rend à pied jusqu'au voisinage de la Mecque. Là, il devient véritablement un hadje (pèlerin); aussi il se purifie en se débarrassant de ses habits pour les remplacer par de simples pièces d'étoffes dont il s'entoure le corps. A partir de ce moment il laisse pousser sa barbe, ses cheveux et jusqu'à ses ongles.

Mahomet dit : « Six cent mille fidèles viendront tous « les ans en pèlerinage. Si ce nombre n'est pas atteint « il sera complété par des anges. »

Tous les ans le Sultan, ainsi que le Vice-Roi d'Égypte, envoient à la Mecque un magnifique tapis pour la Kaâbah. Ce présent est transporté avec l'appareil le plus magnifique du point de départ jusqu'à l'arrivée, où il est reçu par les autorités civiles et religieuses de la ville.

Les cérémonies principales imposées au pèlerin (hadje) sont de faire sept fois le tour de la Kaâbah, une promenade au mont Arafa et de là à Safa et au mont Méroua, tous trois peu éloignés de la ville sainte.

Toutes ces courses et cérémonies une fois terminées, le fidèle peut se faire raser, couper les cheveux et les ongles. La femme se coupe l'extrémité de ses nattes, puis enfin ils s'en retournent par où ils sont venus en murmurant cette formule : « *Hamdoullah,* » qui signifie « louange à Dieu, » et tout est dit ; ce sont des saints.

Ce que je viens de rapporter touchant le pèlerinage de la Mecque ne rentre pas forcément dans la narration d'un voyage fait sur le Nil. Mais ayant touché au culte extérieur des mahométans, j'ai cru devoir parler de ce pèlerinage qui constitue un dogme aussi bien que le principal acte du culte chez tous les musulmans.

Mais revenons à notre voyage sur le Nil.

Le 23 octobre. Deuxième jour.

Nous repartîmes de très grand matin de Warta, où nous nous étions arrêtés et amarrés à la rive, la veille, à la nuit tombante. Nous ne voyagions pas pendant la nuit, à cause des sinuosités du Nil et des changements subits de son lit, qui rendent la navigation sur ce fleuve fort difficile. Nous étions tous très satisfaits de cette mesure qui nous empêchait de perdre un seul point de vue important.

Nous nous rendîmes à Beni-Soueff, toutefois sans pouvoir y accoster, à cause des inondations.

Sur tous les bords du Nil règne une végétation des plus luxuriantes ; ainsi la canne à sucre y atteint une hauteur qui dépasse deux mètres ; le dourrah, les cotonniers, y sont d'une beauté sans pareille.

On aperçoit fréquemment sur les deux rives du fleuve des bandes de hérons. Comme leurs frères d'Europe, ils ont une pose grave, et ne montrent à notre vue ni crainte ni curiosité.

La vue d'une compagnie de pélicans qui s'élançaient dans l'eau pour y chercher leur nourriture et qui, après avoir plongé, revenaient avec leur proie, nous fournit un intéressant coup d'œil. Les petits poissons sont excessivement nombreux dans les eaux du Nil, et forment une partie essentielle de la nourriture des pélicans.

En reportant nos regards à l'horizon, nous pouvions apercevoir, comme si elles étaient à très peu de distance, les Pyramides, qui pourtant se trouvaient encore à trois ou quatre lieues au moins.

Ce phénomène est dû à la limpidité et à la transparence de l'atmosphère qui rapproche très sensiblement les objets encore fort éloignés.

Dans la journée, me trouvant sur la dunette de la dahabieh, je vis tout à coup un objet noir se diriger vers notre bord.

Je crus, de prime abord, entrevoir quelque monstre marin venant nous rendre visite; mais, après avoir pris une lunette d'approche, je pus distinguer des formes humaines nageant avec le courant, et arrivant avec une rapidité extraordinaire.

Du reste, les Arabes ne font pas les mouvements de natation comme nous sommes habitués à les faire en Europe. Ils barbotent, et ouvrant les bras l'un après l'autre, ils cherchent à embrasser le plus grand volume d'eau possible, afin de s'en servir de point d'appui, et l'attirant à eux, ils avancent ainsi, au lieu de fendre l'eau comme nous le faisons nous-mêmes.

En un clin d'œil il fut arrivé, et se hissant sur la dahabieh, il se dirigeait vers les passagers, lorsque le *reïss*, allant à sa rencontre, lui passa un linge à la ceinture, car il était dans un état complet de nudité.

Nous apprîmes alors que le visiteur était un *fakir* qui passait son temps à guetter les bateaux qui naviguent sur le Nil pour aller demander l'aumône, tant aux voyageurs qu'à l'équipage, aumône qui d'ailleurs leur est toujours accordée de bon cœur.

Notre fakir était un fort bel homme, parfaitement bâti, et qui fit l'admiration de notre compagnon, M. Drake, le célèbre statuaire de Berlin.

Cette visite, aussi étrange qu'inattendue, nous causa une agréable surprise, et je crois que le fakir n'eut pas à se plaindre des bakchiches que nous lui distribuâmes. Il mit le tout dans le linge que lui avait donné le reïss ; s'en faisant un turban, il replongea et se dirigea vers son île, d'où il nous envoya toutes les bénédictions possibles.

Les fakirs sont des chrétiens coptes qui habitent un couvent situé dans les environs de Samalout, sur la rive droite du Nil. Le lendemain, nous trouvant sur le *Ferus*, nous fûmes visités par deux autres fakirs qui furent reçus par nos compagnons de voyage avec une curiosité non moins vive que celui qui nous avait surpris sur l'*Ibis*.

Le même soir nous arrivâmes à Minieh où nous avions l'intention de débarquer. A peine étions-nous arrivés, qu'un effendi, accompagné de plusieurs kawass, vint à bord du *Ferus* et nous invita à le suivre. Il nous annonça que le *Moudir* (gouverneur de la province) désirait nous recevoir et faire connaissance avec les invités du Khédive.

Escortée par les kawass, notre société se mit donc en marche dans un dédale de petites ruelles éclairées par-ci par-là d'un fanous accroché à une porte, pour se rendre à l'endroit désigné pour le rendez-vous.

Les rues de cette ville, chef-lieu de la province de Minieh, et qui compte une population d'environ 25,000 âmes, sont tellement étroites que deux personnes pourraient à peine s'y croiser ou circuler l'une à côté de l'autre.

Nous fîmes dans cette ville une course de moins d'un quart d'heure, après laquelle nous arrivâmes encore sur les bords du Nil. Une passerelle nous conduisit à un bateau à vapeur de plaisance fort coquet, et arrangé avec beaucoup de goût. Il était mouillé en rade en face du palais du gouverneur.

A l'arrivée on nous offrit des siéges et nous formâmes un grand cercle dont le Moudir, avec une autre Excellence, était le point de départ.

Une grande quantité de nègres, avec ce respect tout particulier à l'esclave, nous servirent du café et des chiboucs. Lorsque le café fut dégusté et les pipes bien allumées, la conversation s'engagea.

M. Lepsius le célèbre égyptologue, nous servait d'interprète, supportant presque à lui tout seul les frais d'une conversation assez difficile.

Son Excellence le Moudir n'a qu'une faible idée des usages européens et surtout des voyages que nous avons l'habitude de faire, car le gouverneur se montra fort surpris lorsqu'il apprit que très peu d'entre nous avaient choisi, comme but d'excursion de plaisir, les bords du Nil. Son Excellence se figurait probablement qu'il nous était aussi facile de nous rendre sur le Nil qu'aux bords de la Marne ou du Rhin.

Cette remarque quelque peu naïve occasionna une certaine hilarité qui fut le signal d'une gaîté générale, car plusieurs de nos compagnons s'étant attardés en route, se placèrent à leur arrivée à côté du gouverneur, sans avoir la moindre idée de la grandeur de ce personnage. Il faut dire aussi, pour leur excuse, qu'il avait l'air d'un simple Arabe. Même le doyen d'âge du *Ferus*, en arrivant, nous dit en nous apostrophant : « Eh bien ! que faites-vous donc dans cette attitude « de momies ? » Personne ne put y tenir et un bruyant éclat de rire sortit de tous les gosiers.

Je crois même que le gouverneur s'en aperçut. Il doit avoir conçu une idée bien singulière des invités de son maître et des mœurs européennes.

Enfin, une fois la visite terminée, nous regagnâmes avec la même cérémonie, précédés et suivis de la même escorte, notre bateau à vapeur.

Peu de temps après, nous vîmes une embarcation se dirigeant vers le *Ferus*. C'étaient les voyageurs du *Beni-Soueff*, arrivés depuis quelques instants, et qui ayant appris que le *Ferus* était encore mouillé à Minieh, venaient nous faire une visite.

M. H....., malgré ses soixante-huit ans, toujours

vaillant, arrivait en tête de ce joyeux cortége en jouant de la flûte.

Comme nous nous trouvions dans des dispositions fort gaies, par suite de notre *visite officielle* au gouverneur, nous nous mîmes bientôt à causer et à rire jusqu'au moment où nos aimables visiteurs se séparèrent de nous pour regagner leur bateau. Nous avions promis à nos compatriotes de leur rendre leur aimable visite le plus tôt possible.

Ainsi que je l'ai déjà dit, la plus grande liberté nous était accordée au sujet de nos promenades.

Comme à Alexandrie et au Caire nous pouvions, selon notre désir, régler l'emploi de notre temps et la manière de nous grouper pendant toute la durée du voyage.

Par un heureux hasard ou plutôt par l'adresse de M. Lepsius, que les Allemands avaient choisi dans ces pourparlers pour leur interprète, le *Ferus*, qui avait à bord, outre quelques Scandinaves et un Hollandais, toute la société allemande, se trouvait être le meilleur marcheur, et, par ce fait, nous avions excité quelque peu la jalousie de nos compagnons de voyage.

On avait donné des surnoms à tous les steamers : ainsi le *Ferus* avait été nommé le bateau des Allemands ; il y avait celui des membres de l'Institut, le steamer des hommes de lettres, la dahabieh des dames, celle du Jockey-Club, et mes compagnons avaient donné à la dahabieh l'*Ibis*, sur laquelle je me trouvais, le surnom de la « *Geheimraths Dahabieh* » (la barque des conseillers).

Tonino-Bey, l'infatigable maître de cérémonies du Khédive, étant chargé de nous accompagner et de faire les honneurs au nom de son maître, vint nous prier de prendre à notre remorque une seconde dahabieh, celle du Jockey-Club, ainsi que quatre passagers du *Gyzeh*.

Mais comme les cabines étaient toutes occupées, ces messieurs furent installés dans le grand salon du *Ferus* où nous prenions à l'ordinaire nos repas. Aussi, dès ce moment, le pont fut-il changé en salle à manger, et quand, pour la première fois, nous nous trouvâmes tous réunis à la même table, je profitai de la présence des nouveaux embarqués pour proposer de boire le premier verre à la bienvenue des nouveaux alliés, toast qui fut d'ailleurs accueilli avec chaleur et qui donna un entrain extraordinaire à la gaîté et à la conversation.

J'étais d'autant plus en droit de faire cette proposition que, parmi eux, je venais de retrouver des compagnons du *Mœris* (paquebot des Messageries impériales sur lequel j'avais fait la traversée de Marseille à Alexandrie).

Et à vrai dire, à partir du moment où MM. les Français sont venus se joindre à nous, la gaîté ainsi que la cordialité n'ont fait que gagner en intensité sur notre embarcation. C'est surtout au moment des repas que nous nous en donnions à cœur-joie. Les calembours, les menus propos s'entrechoquaient sans la moindre interruption. Le côté de la table où je me trouvais contrastait de beaucoup avec celui que nous avions en face, où messieurs de la science s'étaient réunis et groupés. Notre coin, surnommé celui des boute-en-train, avait pour président l'aimable baron de Kehler, le plus âgé de tous les passagers du *Ferus*. Sa verve, sa bienveillance et son esprit de conciliation ont su bien souvent remettre l'équilibre dans certaines discussions de telle ou telle opinion, et tous ces messieurs, et surtout MM. Hubner, de Moeller, den Tex, Tissier, de Lourmarin, baron Korff, se souviendront avec autant de plaisir que moi, des heures de plaisir et de gaîté que nous avons passées pendant les trois semaines de notre voyage sur le Nil.

Après nous être arrêtés le 24 à *Rodah*, pour y visiter la raffinerie de sucre située au bord du Nil, aquelle, par ses vastes proportions, pourrait bien faire concurrence aux plus grands établissements de ce genre, nous allâmes voir un petit château de plaisance, entouré d'un immense jardin de rosiers. Etablissement industriel, palais et jardin sont la propriété du Khédive.

Enfin, après cette courte visite, nous continuâmes notre route et arrivâmes le 25 octobre, à une heure, à Siout.

La chaleur se faisait de plus en plus sentir. Nous jouissions à cette époque d'une température plus élevée que celle de nos étés les plus chauds en France. Nous étant munis d'ombrelles doublées de blanc, et d'un couffi drappé autour de la tête par dessus le tarbouche, nous fîmes une cavalcade à dos de baudet pour aller visiter les tombeaux creusés à même dans les roches des grottes.

Le paysage qui y mène est ravissant, et de la hauteur des falaises qui dominent la ville on peut jouir d'un coup d'œil vraiment admirable.

En revenant de cette excursion, nous nous mîmes à parcourir les bazars fort curieux et nous y fîmes emplette de chasse-mouches, objet de première nécessité en Égypte, car le plus grand fléau de ces pays chauds est la grande quantité de mouches surtout agaçantes par leur acharnement, capables de faire perdre patience au plus tranquille.

Chemin faisant nous découvrîmes un café qui avait une espèce de vérandah donnant sur les bords du Nil, qui sont en cet endroit d'une rare beauté.

Nous pûmes y trouver tout ce qu'il nous fallait pour étancher la soif qui nous dévorait : des sorbets, du café, des pastèques (espèce de melon très succulent).

Dans la soirée, le Moudir avait fait organiser une fantasia sur la berge, éclairée par des *macha'als*, sortes de torches munies d'appareils ou grillages de fer, dans lesquels on brûle de petites bûches de bois résineux.

Des tapis étaient étendus à terre, et tout autour, le Moudir avait fait apporter des divans et des sièges sur lesquels nous nous assîmes; puis nous vîmes arriver une douzaine de jeunes filles, d'une rare beauté, vêtues d'une étoffe assez légère, et portant sur les hanches une ceinture très large et flottante, d'une étoffe de soie brodée d'or. Elles étaient coiffées d'une petite toque rouge et or, posée sur le côté; deux grandes nattes tombaient de leur tête jusqu'au jarret, et tout le long de ces nattes étaient suspendues des pièces d'or de toute valeur.

C'étaient des almées, si renommées en Égypte.

Rien de plus original et de plus souple que les mouvements de ces femmes, rien de plus provoquant que leurs poses. Elles semblent avoir fait une étude spéciale de leurs muscles, car, à volonté, elles agitent telle ou telle partie de leur corps. Lorsque les almées, après mille poses différentes, se sentaient fatiguées et semblaient se pâmer, elles finissaient par se jeter, évidemment d'un air malicieux, sur les genoux de l'un ou de l'autre voyageur présent.

Il va sans dire qu'afin d'augmenter la plaisanterie les jeunes gens s'amusaient à pousser ces nymphes dans les bras de tel ou tel savant qui se débattait sous ce fardeau tellement doux, que nous étions tentés de croire que, s'ils n'avaient été en notre présence, ils auraient fait tout autre chose que de les repousser; mais, hélas! la science, la position et l'âge de ces hommes vénérables rendaient leur situation souvent aussi drôle que difficile, ce qui ne faisait que redoubler la gaîté.

Il ne faut pas oublier de mentionner que le Moudir et son fils, âgé de dix à douze ans, assistaient à cette fête, peu faite pour les enfants, — mais en Égypte on est précoce.

Enfin, après avoir vu et revu toutes les poses, et

contorsions de ces almées, nous pensâmes, comme la soirée était déjà assez avancée, qu'il serait temps d'aller nous reposer, ce qui étonna beaucoup ces belles demoiselles, car elles espéraient que, selon la coutume du pays, nous allions passer la nuit tout entière à les admirer et à les féliciter sur toutes leurs grâces et leurs regards langoureux.

L'excursion que nous avions faite durant la journée dans la ville, et surtout le coup d'œil magnifique dont nous avions joui en parcourant les hauteurs qui la dominent, éveillèrent le désir chez M. de Moeller d'y faire une course de nuit afin de jouir de la vue du soleil levant.

Mais, malgré des invitations réitérées, je ne me laissai pas aller à faire cette expédition nocturne.

Cependant il trouva en M. Dümichen un camarade, et avant de me séparer de mes compagnons pour m'en retourner sur la dahabieh, j'appris qu'ils avaient commandé des chevaux pour se rendre sur les hauteurs de la falaise et qu'ils se proposaient d'être de retour à cinq heures du matin, à bord du bateau à vapeur, car la continuation de notre voyage vers *Sohagh* et *Bellianêh* était fixée au lendemain à six heures du matin.

Nos matinées sur la dahabieh étaient employées aux occupations les plus variées. On voyait des groupes en train de faire leur correspondance, d'autres prenaient des notes, afin de pouvoir plus tard bien relier toutes les impressions qu'ils avaient eues dans ce voyage.

Souvent on écoutait bien attentivement le récit d'un voyage lointain qu'avait fait un de nos compagnons. Ainsi M. Lallemant racontait de préférence ses impressions sur le Brésil et son voyage sur le fleuve des Amazones. M. Stephan parlait des différentes provinces de l'Espagne ou du Portugal; enfin, chacun fournissait, en ce qui le concernait, son contingent.

La plus intéressante de toutes ces matinées fut, à mon avis, celle du 26 octobre.

M. Erbkam, qui avait déjà fait deux fois le voyage d'Égypte, nous fit la lecture d'une brochure qu'il avait écrite en revenant en Europe. Elle traitait des constructions des tombeaux et des temples des anciens Égyptiens.

Cette lecture devait nous faire acquérir une connaissance exacte des merveilles avec lesquelles nous devions, par la suite de nos excursions dans la Haute-Égypte, nous retrouver.

Non-seulement le mémoire lu par M. Erbkam était

des plus attrayants par la forme, mais le fond offrait les détails les plus circonstanciés et les plus instructifs. La plupart d'entre nous doivent à ce savant une véritable reconnaissance. Sans la lecture de son mémoire, sans les commentaires dont il l'accompagna, un grand nombre de monuments auraient passé inaperçus sous nos yeux, ou bien auraient été aussi difficiles à expliquer que les hiéroglyphes.

A notre arrivée sur le *Ferus*, nous apprîmes que les deux compagnons qui étaient partis pour une excursion nocturne, afin d'admirer le lever du soleil, n'avaient pas reparu.

Le capitaine, ignorant l'escapade que MM. M... et D... avaient faite, donna de grand matin le signal du départ.

L'absence de nos aventuriers ne fut remarquée que lorsque tout le monde se trouva sur le pont, et l'inquiétude se mit dans tous les esprits, mais comme nous étions en route nous ne pouvions faire de démarches pour avoir de leurs nouvelles qu'à Sohag, où nous n'arriverions que vers trois heures et encore seulement pour y faire du charbon.

Aussitôt que le *Ferus* fut arrivé à Sohag on expédia un télégramme au Moudir de Siout, afin de l'informer de la mésaventure de nos deux compagnons et pour le prier de les mettre à même de continuer leur route.

La crue continuelle du Nil avait rompu les digues, ce qui faisait qu'ils ne pouvaient continuer leur route par terre.

Dans un autre télégramme expédié de Belianneh, endroit où nous étions arrivés le 26 au soir, le Moudir était prié de faire parvenir nos deux égarés jusqu'à Thèbes, où nous avions l'intention de rester quelques jours.

A mesure que nous approchions de Kenneh, la chaleur devenait de plus en plus intense et nous commencions à en souffrir. Non-seulement nous éprouvions sur nous-mêmes une différence marquée dans le climat, nous avions sous les yeux des preuves irrécusables de ce changement dans la flore du pays ; le dattier est remplacé par le palmier nain à éventail, l'acacia, les mimoses et les sycomores. Tous ces arbres offrent un ombrage très agréable, et même entre Siout et Kenneh on aperçoit des forêts d'une beauté remarquable, formées des arbres qui prospèrent sur les bords du Nil.

Notre arrivée à Kenneh le 27 fut saluée par M. l'agent consulaire de l'Allemagne du Nord, qui est en même temps l'agent consulaire de France, par une décharge générale de tous les fusils qui existaient dans cette ville.

M. Bichara, dont le nom seul annonce l'origine arabe, habite une maison située sur le quai, juste à l'endroit où nous avions accosté. Après un court échange de politesses nous lui fîmes visite et il nous invita à passer la soirée chez lui, ce que nous acceptâmes avec plaisir.

L'hôtel qu'habite le consul est d'une construction fort pittoresque comme extérieur. Tous les espaces entre les portes et les fenêtres sont ornés et enjolivés de peintures représentant des lions, des serpents, des chats, des chiens, même des lapins, exécutés sur les murs blancs avec de la couleur rouge. L'exécution de ces peintures murales laisse, même en Égypte, beaucoup à désirer. On serait tenté de croire qu'elles ont eu pour auteurs des gamins qui ne savent pas encore dessiner comme on dessine dans les écoles des frères de la doctrine chrétienne.

Le grand escalier qui, du rez-de-chaussée, conduit au premier étage et de là aux appartements du second, est à ciel ouvert ; cependant il est vaste et spacieux.

Pour la soirée les nègres de la maison avaient échelonné, tout le long des marches, des lanternes en verre, dans le genre de celles dont nous nous servons ici dans les écuries.

Le premier étage est composé d'un immense salon, éclairé pour l'occurrence par une grande quantité de bougies entassées dans des lustres de Baccarat. Le salon garni de tapis français était encombré de divans; M. l'agent consulaire semblait très satisfait de pouvoir nous montrer sa maison, entièrement montée à la parisienne. Mais j'avoue que j'aurais préféré de beaucoup voir, surtout dans la Haute-Égypte et chez un millionnaire (on le dit même archimillionnaire), une maison entièrement montée à l'égyptienne. Il me semble que les richards de ces pays devraient, au lieu d'imiter lourdement et presque toujours maladroitement, les modes étrangères, conserver dans leur installation ce qui est de leur pays. Mais nous voyons malheureusement qu'à Paris comme à Berlin les chinoiseries sont plus estimées que des œuvres d'art, fussent-elles de Benvenuto Cellini. J'ai donc tort d'accuser ce brave M. Bichara.

La soirée fut des plus spendides. Le Moudir et les hauts fonctionnaires de Kenneh assistaient à cette fête à laquelle on nous servit du café, avec des chiboucs; mais, toujours pour imiter les Parisiens, le champagne coulait à profusion. Une heure après notre arrivée nous vîmes entrer des musiciens qui se placèrent dans un des coins du salon, laissant tout le milieu entièrement libre. Après avoir, les uns essayé leurs doubles flûtes, les autres bien serré leurs tambourins, ils commencèrent à exécuter un morceau de musique dont l'harmonie ne peut être goûtée que par une oreille arabe.

A ce moment entrèrent par la porte principale six jeunes femmes d'une beauté remarquable et richement costumées. Elles se placèrent en forme de haie, trois de chaque côté, et bientôt vint prendre place au milieu d'elles une septième jeune femme qui nous fit immédiatement l'effet d'un astre entouré de ses satellites. A peine entrée, cette beauté toucha du bout de ses doigts la terre, puis son cœur, ses lèvres, son front, et, élevant sa main dans l'air, elle la ramena à sa bouche, nous envoya un baiser accompagné du regard le plus charmant; c'était le salut de l'almée-reine. Dès son arrivée tous les regards s'étaient portés sur cette femme dont la beauté si grande et si parfaite étonnait tous les assistants.

C'était la célèbre *Bédaouia*, une des premières almées de l'Égypte.

Bédaouia exécuta ce soir la danse au champagne.

Tenant tantôt de la main droite, tantôt de la main gauche, une coupe remplie jusqu'aux bords de la liqueur récoltée sur les bords de la Marne, l'almée exécuta des mouvements et des dislocations que lui envieraient les plus célèbres clowns de l'ancien et du nouveau monde. Tous ces mouvements furent exécutés avec une grâce incomparable et avec tant d'adresse qu'il ne tomba pas une goutte du vin contenu dans la coupe. Le pas terminé elle montra la coupe à tout le monde, ayant aux lèvres un sourire enchanteur et, la portant à ses lèvres, elle la vida d'un trait à la barbe du Moudir et de Mahomet.

Après un court repos, elle forma un groupe de ses acolytes et, se faisant apporter deux sabres recourbés, pointus et bien effilés, elle commença une série de tourbillons saisissants. Après une multitude de tours de toute espèce et épuisées par la fatigue, elles formèrent un groupe final des plus enchanteurs, et surtout des plus provocateurs.

Les autres almées, un peu jalouses du succès obtenu par leur reine, voulurent l'imiter, mais quoique elles fussent toutes admirables, elles étaient loin d'approcher de Bédaouïa.

La fête se prolongea bien avant dans la nuit, mais e profitai d'une occasion avec quelques camarades pour me sauver. En prenant congé des almées, j'examinai de près les vêtements et les parures d'une grande richesse dont elles sont couvertes. Elles portent dans leur chevelure leur dot en petits sequins d'une valeur qui varie d'un à vingt louis. En sortant de chez le consul il était trop tard pour aller visiter la ville, qui, d'après le dire de tous, est assez remarquable. Nous apprîmes qu'à Kenneh, chef-lieu de la province du même nom, il y a de très grands bazars bien fournis et qui sont l'entrepôt du commerce entre le Caire et Dizdda. Cette ville est en même temps le rendez-vous des pèlerins de la Mecque. Nous résolûmes donc d'y revenir dans l'intention de voir ces bazars curieux, après toutefois que nous aurions visité les ruines de Denderah.

Le lendemain 28, nous partîmes à sept heures du matin pour faire une excursion aux ruines du fameux temple de *Denderah*.

Pour y arriver, nous regagnâmes sur notre bateau à vapeur la rive gauche du Nil. La route qui nous conduisait à Denderah était heureusement presque partout bordée de tamarins; leur ombrage nous garantit des ardeurs du soleil.

En comparant le temple de Denderah aux autres ruines de la Haute-Égypte, on ne peut leur appliquer l'épithète de ruines antiques. Ce temple, en effet, n'existe que depuis environ dix-huit cents ans, puisque Jésus-Christ vivait au temps où on le terminait.

Le temple est entouré de monticules de sable couverts de vieilles masures abandonnées.

Les premiers habitants de ce pays, arrivés de l'Asie, commencèrent par s'étabir dans la Basse-Égypte et puis dans l'Égypte centrale; les capitales de Memphis et d'Abydos en sont la preuve irréfutable. C'est là aussi qu'il faut rechercher le foyer de l'art indigène.

De la même manière on peut aussi poursuivre le développement que l'architecture a pris et qui est représenté par la construction différente des colonnes que l'on retrouve dans les temples égyptiens.

Il ne me semble pas inutile de donner, en quelques mots, un tracé historique des variétés des colonnes que l'on retrouve dans les temples.

Les bassins marécageux du Delta, les lacs artificiels, les plaines fertiles de la vallée du Nil produisaient le lotus et le papyrus. Ce sont les deux types primitifs des colonnes égyptiennes. Il faut y ajouter le dattier qui, couronné d'un toit saillant de feuilles, a fourni de très bonne heure à ces colonnes un troisième modèle, moins répandu dans les contrées méridionales de la vallée du Nil, mais qui se retrouve plus fréquemment au nord des cataractes.

Il semblerait que deux idées eussent prédominé chez les Égyptiens, en ce qui concerne la construction des colonnes ; l'une ayant pour point de départ les monolithes, ou grands blocs en pierre, l'autre se basant sur la végétation, en imitant ainsi des faisceaux de palmiers ou dattiers.

Tandis que la colonne imitant le pilier n'offre jamais d'autre variation que celle d'y ajouter un chapiteau, en forme de tête de Hathor, on retrouve dans la colonne de l'autre ordre, dans les temps du moyen empire, non-seulement les contours du lotus, mais encore du papyrus et du palmier, sans se préoccuper des fleurs ou feuilles variées dont les chapiteaux se composaient dans les temps ultérieurs des Grecs et des Romains. Mais, malgré ces variations, la pensée est toujours la même. C'est l'idée d'un faisceau de plantes réunies en un seul fût et exprimant la pluralité idéale par les couleurs différentes de la couronne. La colonne à laquelle le papyrus a servi de type, se distingue de celle qui imite le lotus par son couronnement plus gracieux. Le chapiteau de la première a la forme d'un calice, tandis que celui de la seconde ressemble à un bouton à peine éclos. Paraissant sous l'aspect d'une unité compacte, elle ne fait pas voir les diverses phases que l'architecture a subies et qui se trouvent si bien indiquées dans la colonne du second ordre. Mais les liens qui ne manquent jamais, de même que les dessins du calice et des bractéoles de la base, démontrent la même idée dominante au point de départ. La colonne enfin, qui imite le palmier et qui a probablement succédé aux deux précédentes ; cette colonne, couronnée d'un chapiteau de neuf feuilles recourbées, pourrait éveiller l'idée d'un seul fût, vu que la stabilité de l'arbre n'exige pas qu'on en réunisse plusieurs ; mais les dispositions des feuilles, avec leurs petits bouquets de fruits entrelacés, en place de boutons, démontrent au moins la tendance à poursuivre les principes originaux.

Le temple de Denderah est certes un des temples les mieux conservés, mais il appartient, comme je l'ai dit tout à l'heure, à une époque plus moderne ; aussi brûlons-nous d'impatience d'arriver à *Thèbes*.

Nous revenons à Kenneh pour y passer quelques

heures seulement. En arrivant dans cette cité, refuge de bien des courtisanes bannies du Caire par Méhémet-Ali, nous rencontrons quelques-unes de ces filles qui paraissent encore exercer leur joli métier et ne s'inquiètent que médiocrement de faire croire au voyageur qu'elles sont autre chose que des femmes perdues. Il y a des rues entières dans lesquelles les almées sont couchées sur des nattes dans des positions très équivoques, pour ne rien dire de plus. La seule chose qui semble les surprendre, c'est de nous voir étonnés du peu de sans-gêne qu'elles mettent à faire comprendre leur métier. A peine arrivés à Kenneh nous nous dirigeons vers les bazars pour faire emplette de carafes en terre poreuse, nommées dans le pays gargoulettes, par la raison que, lorsqu'on y verse de l'eau, il se produit un bruit ayant assez de rapport avec le gargouillement.

Nous quittons Kenneh à deux heures de l'après-midi, ce qui fut cause que nous n'arrivâmes que fort tard à Louqsor, où nous avons mouillé.

Le paysage entre Kenneh et Louqsor est ravissant. Nulle part en Europe on ne peut voir de plus beaux champs, des prairies plus verdoyantes et de plus magnifiques forêts.

En arrivant au lieu de notre destination nous sommes reçus par l'agent consulaire. L'habitation de ce fonctionnaire, voisine de l'endroit où notre bateau venait de mouiller, était brillamment illuminée, comme on peut illuminer avec des lanternes et des lampions.

VI

VOYAGE SUR LE NIL

PREMIÈRE PARTIE

Thèbes

Louqsor. — Karnak. — Description des anciens temples. — L'architecture sacrée. — La nécropole. — Le temple de Qournah. — Les tombeaux des princesses. — Le Kamesséum. — Les colonnes de Memnon. — Tombeau de Petaminophis. — Chauves-souris. — Deux compagnons retrouvés. — Gebel-el-Bachri. — Tombeaux des rois. — L'Assassif. — Médinet-Abou. — Arrivée de l'Impératrice. — Banquet.

Louqsor, où nous faisons escale, n'est qu'une partie de Thèbes (à 705 kilomètres au sud du Caire) et qui s'étend sur les deux rives du Nil.

Thèbes était le lieu du rendez-vous général ; nous

devions y passer trois journées entières, afin de pouvoir bien visiter toutes les ruines qui y sont entassées. Nos compagnons de route des autres navires, qui se trouvaient en arrière, devaient, à cet endroit, se réunir à nous, former des groupes et aller visiter ces merveilles.

Les autres bateaux n'étaient pas aussi bien partagés que le nôtre, car quelques-uns étaient dépourvus d'égyptologues.

Malgré l'absence de M. Dümichen, nous avions encore trois guides compétents dans les personnes de MM. Lepsius, Liblein et Navilles. Ce dernier voulut bien se mettre à la disposition d'un groupe de Français qui était dépourvu d'archéologue au courant des antiquités égyptiennes.

Le 29 octobre, à six heures du matin, une petite caravane, composée de huit personnes, et dont je faisais partie, montée sur des baudets, se mit en marche sous la direction de M. Erbkam, pour se rendre à Karnak et en visiter les ruines.

A peine avions-nous fait quelques pas, que nous nous trouvions au milieu des ruines de Louqsor. Nous étions à l'endroit où la vallée du Nil s'élargit pour former la vaste plaine de la Thébaïde.

Les flots du fleuve baignent les murs du temple ;

les dunes du rivage, les décombres entassés depuis longtemps, les huttes qu'on y a construites cherchent à envahir les vastes cours avec leurs pylônes; mais, jusqu'à présent, ils ont vainement attaqué ces masses gigantesques.

C'est avec une admiration toujours croissante que nous plongeons dans les ruelles étroites de la ville actuelle, enclavée dans les cours du temple; et après avoir quitté ce labyrinthe inextricable, nous nous arrêtâmes devant l'une des sinuosités du fleuve, d'où l'on aperçoit le dernier obélisque, qu'on n'a pas encore enlevé.

Les anciens historiographes ne nous donnent qu'une idée confuse du culte des anciens Égyptiens. Les détails assez peu complets qu'ils ont conservés ne se rattachent guère aux temples primitifs. Mais le cours naturel des choses permet de croire qu'ici comme ailleurs, la marche de la civilisation s'est manifestée sous la forme d'un progrès graduel partant des choses simples vers les choses composées, et cela d'autant plus, que l'élément religieux a toujours été le trait le plus saillant de la vie sociale des anciens Égyptiens. Le nombre des divinités, peu considérable d'abord, fut quintuplé et même décuplé par des additions toujours nouvelles, et cette création continue de dieux nouveaux ne manqua pas de donner au rite, dont les formes essentielles étaient les sacrifices et les processions qui s'y rattachaient, une étendue telle qu'on ne la trouve peut-être plus chez aucune autre nation.

Toute action tant soit peu importante de la vie publique, tout changement produit par le retour des saisons ou d'autres circonstances naturelles étaient célébrés dans ce pays, ami du merveilleux, par des cérémonies religieuses. Les fêtes se succédaient pour ainsi dire sans interruption.

Les Rois, dans l'exercice de leur puissance, légitimée et fortifiée par l'influence et la sagesse des prêtres, se plaisaient à consacrer tous les trophées de leurs victoires, toutes les richesses des provinces conquises, à la splendeur du culte et à la décoration des temples.

Si l'on examine ces temples d'un œil attentif, on remarque qu'ils ont tous quelque chose de commun : c'est le sanctuaire divin.

Il importait avant tout de mettre à couvert cet endroit sacré pour le garantir contre les influences extérieures et le soustraire aux yeux profanes de la multitude.

Les dimensions peu étendues de ces enclos qu'on

ne formait quelquefois que d'un monolithe pour pouvoir le porter pendant les processions, ne permettaient pas de le décorer d'un autre objet que d'un autel, duquel les Rois et les prêtres les plus élevés dans la hiérarchie avaient seuls le droit d'approcher.

Le culte particulier amenait la nécessité de réserver d'autres localités pour y déposer les vases sacrés, d'autres destinées au domicile et aux lieux de conférences du Roi et des prêtres. On peut judicieusement admettre que, dès les temps les plus reculés, on avait ménagé dans les temples des salles qui avaient cette destination.

Tous ces appartements, quel qu'en fût le nombre, étaient toujours groupés autour du sanctuaire de la divinité, lequel leur servait de centre commun. Après avoir ainsi pourvu au culte secret, où les initiés seuls étaient admis, il fallait y joindre, pour les cérémonies publiques, un endroit qui fût accessible aux profanes. Cette partie du temple précédait les autres pièces de l'édifice, qui devenait la partie essentielle d'un temple égyptien.

C'est là que se réunissaient les processions, que les offrandes de la foule étaient déposées sur des tables, et que les sacrifices publics se faisaient sur le maître-autel.

Ces dispositions se retrouvent dans les temples les plus anciens, tels que ceux de Louqsor, de Karnak, ainsi que dans les autres temples que nous avons vus plus tard.

Les générations qui suivirent y joignirent d'autres pièces, de telle façon que le nombre des appartements secrets de la partie qui, d'abord, n'excédait pas deux, fut augmenté sans limite.

Nous trouvons les causes de cette tendance dans le grand nombre des prêtres chargés des cérémonies du culte. Leur service se faisait aussi bien de nuit que de jour. Divisés en différentes classes, ces prêtres étaient astreints aux règles hiérarchiques et prenaient une part active au gouvernement du pays, qui tirait de leur concours le principal élément de sa puissance.

Le Roi était donc soumis à leur autorité, et une surveillance active était exercée sur sa personne et sur ses actes. Assisté par eux, il avait à offrir des sacrifices publics et privés, et ses repas devaient se faire sous leur toute-puissante surveillance. De cette façon, le temple était la demeure des Rois et des prêtres pendant la plus grande partie du jour, attendu que tout ce qui se rattachait au mystique devait se dérober aux regards profanes de la multitude. C'est aussi en ce lieu qu'on faisait l'embaumement des morts et qu'on célébrait le culte toujours croissant des animaux sacrés; que l'on gardait les riches trésors d'ouvrages religieux et profanes et les instruments variés qui servaient aux études astronomiques. Il n'y a donc pas lieu de s'étonner que, sous le règne de Ramsès, il y eût tant d'annexes pour compléter le temple.

Les changements du style architectural varient dans la partie principale destinée au culte public. Non-seulement les dimensions des parvis deviennent plus gigantesques, mais des annexes sont augmentées par des additions nouvelles, nécessitées par le désir d'admettre la foule immense du peuple et de donner un éclat grandiose aux processions. C'est ainsi que de nombreuses galeries furent construites pour servir d'asile à la foule contre les intempéries des saisons, et la préserver contre les rayons brûlants du soleil. Ces galeries reposaient sur des colonnes, et la lumière n'y pénétrait que par les ouvertures du passage central élevé au-dessus de ce parvis.

Qu'on se représente cette longue série de murailles d'une élévation et d'une épaisseur énormes, ornées de pylônes gigantesques ; qu'on se figure devant les entrées des obélisques élancés ou des statues colossales de rois transformés en divinités après leur mort ; qu'on ajoute de longues avenues ornées de sphinx avec des têtes de béliers, de lions et d'hommes, on pourra alors se faire une idée des anciens temples égyptiens. Encore faut-il ajouter à ce tableau le charme des couleurs dont toute la surface des murs et des colonnes est recouverte, et qui donne un éclat éblouissant sous les rayons du soleil qui détachent tous les contours de l'édifice, permettent d'en examiner jusqu'aux plus petits détails, et rappellent les victoires des anciens souverains de ce pays merveilleux, ainsi que les noms des différents peuples et pays conquis par eux. On y voit encore représentées les divinités qui les ont assistés dans leurs victoires et conduits à l'immortalité.

Ce spectacle était bien de nature à stimuler l'enthousiasme d'un peuple qui, dès l'enfance, avait été accoutumé à cultiver les idées les plus respectueuses envers la divinité et la sainteté de son culte religieux.

Les décorations intérieures sont bien différentes de celles de l'extérieur, destinées à la vue de la multitude. Cette différence apparaît surtout dans les appartements du Roi et de ses prêtres. Là, ce n'est plus le héros victorieux qu'on y dépeint, c'est l'humble et pieux serviteur des dieux, cherchant à obtenir leurs bonnes grâces par de riches offrandes. Les parois entières de l'intérieur sont couvertes des noms des ancêtres glorieux auxquels on rend l'hommage qui leur est dû ; en d'autres endroits on voit des processions de divinités ou des sphères mystiques peintes sur le plafond. Il est facile de s'apercevoir que l'agencement et la décoration de l'intérieur des temples avaient pour but de porter les Rois à la vie religieuse et à la contemplation.

Quant aux différentes colonnes dont j'ai parlé précédemment, on retrouve la colonne en forme de lotus dans toutes les parties des temples de cette époque. La colonne imitant le palmier ne se rencontre que dans la grande cour couverte, celle qui imite le papyrus est l'ornement principal du passage rehaussé du centre, tandis que la colonne, qui est un développement du pilier, ne se voit que dans les parties les plus reculées. Les galeries couvertes des parvis sont assez fréquemment composées du pilier formé d'après la figure sérieuse d'*Osiris* ou celle d'un roi déifié.

Sans nous arrêter au premier parvis ouvert, nous

passons près des statues brisées de quelques rois anciens et nous entrons dans le pylône qui forme l'entrée de la grande salle ouverte.

Là, portant nos regards sur ces rangées de colonnes qui par leur structure organique nous rappellent une forêt de fleurs, nous nous sentons saisis d'admiration par la grandeur hardie de ces constructions de l'ancien empire.

Cent trente-quatre colonnes de l'ordre du lotus, hautes de 14 mètres, supportent le plafond. La galerie centrale, qui a une hauteur de 23 mètres, est formée par deux rangs de colonnes couronnées d'un chapiteau, imitant le calice du papyrus. Le diamètre de ces colonnes est d'un mètre, la longueur de 25 mètres, et l'assiette supérieure du chapiteau, ayant un diamètre de 7 mètres, pourrait rivaliser en étendue avec plus d'un salon moderne, et sur ces colonnes gigantesques nous voyons rester en équilibre des blocs de pierre qui ont une longueur de 8 mètres et qui pèsent au moins 4,000 kilos.

Chaque accouplement de deux de ces blocs forme des architraves sur lesquels s'étendent les carreaux du plafond.

Par quelle force surhumaine ces masses ont-elles été élevées à de telles hauteurs ? Quels efforts, quelles richesses ont dû être employés à la construction de cette seule salle ? Mais il ne faut point l'oublier, plusieurs générations de souverains ont successivement travaillé à élever le temple de Karnak.

Aujourd'hui, on retrouve parmi les débris des colonnes, des piliers et des murs, les cartouches de vingt-cinq rois, et qui peut dire combien il y en a qui sont ensevelis sous les décombres, ou entièrement effacés de cette feuille mutilée de l'histoire ?

Pendant la durée du second empire égyptien, les pyramides ne servirent plus de tombeaux aux rois. On leur substitua les tombeaux creusés dans le roc. Cependant, on continua d'élever des temples sépulcraux, mais d'une nature différente.

Ils ne sont plus dans un rapport immédiat avec les tombeaux des souverains, dont les entrées, loin des demeures humaines, se cachent dans les allées les plus sauvages du désert, et ils ne servent plus exclusivement à l'usage de la famille. Comme les pyramides elles-mêmes, ils forment un centre pour les tombeaux que les générations contemporaines avaient creusés tout alentour dans le sol et pour le culte d'*Osiris* qui s'y rattachait.

C'est par ces temples surtout que les rois ont voulu célébrer leurs exploits et créer des monuments éternels de leur gloire et de la puissance de leurs peuples.

Ces *memnonia* (tel est le nom que leur donnaient les anciens) sont d'une grande importance pour la connaissance de l'architecture sacrée des Égyptiens, car le plus souvent commencés et terminés par le même roi, ils présentent une harmonie de style qui n'a pas été troublée par les changements innombrables auxquels les temples populaires furent exposés par les nombreuses dynasties qui se sont succédé pendant la construction de ces derniers.

Après ces éclaircissements et les explications tant de l'architecture du temple de Karnak que de l'historique des temples égyptiens en général, que je dois à la bienveillance de M. Erbkam, je me suis joint à l'expédition dirigée par M. Lepsius dans le temple de Karnak. Notre savant compatriote nous donna avec beaucoup de bonne grâce, en faveur de nos compagnons français, l'explication des hiéroglyphes en langue française.

Bref, après une longue mais très intéressante pérégrination dans toutes ces ruines, nous retournâmes à notre bateau. Après quelques heures de repos, il avait été résolu de se diriger, avant la tombée de la nuit, vers Louqsor où nous avions encore des ruines à visiter, ainsi que le monolithe qui faisait autrefois pendant à celui qu'on admire à Paris, au centre de la place de la Concorde.

Nous avions eu pendant notre retour une température de 40 degrés.

A peine à bord, je vis arriver les trois bateaux à vapeur retardataires. Je ne pus m'empêcher de plaindre nos pauvres compagnons, forcés par ces atroces chaleurs de se mettre en route en plein désert. La crainte de se trouver encore plus en retard pour le reste du voyage leur donnait du courage pour entreprendre cette course difficile.

La vaste plaine de Thèbes est divisée en deux parties inégales. La plus étendue est située sur la rive droite, où était bâtie la ville des vivants, qui avait dans son immense enceinte les temples de Karnak et de Louqsor. De l'autre côté, la nécropole étendait ses longues lignes de tombeaux, à partir de la plaine jusqu'aux montagnes du désert qui était encore plus limité à cette époque qu'il ne l'est maintenant par le Nil, vu que les eaux de ce fleuve se sont bien déplacées.

Résolus de visiter cette nécropole, nous quittâmes

la rive droite le 30 octobre de grand matin. Le Nil fut franchi sur des barques mises à notre disposition.

Le contraste qui s'offre tout d'abord à nos yeux nous fait comprendre qu'ici les débris des temples ne forment pas le centre commun. Ils se rangent sur la lisière de cette plaine comme un collier de perles réunissant, après la mort, les générations qui se sont jadis suivies dans la vie.

Nous avons visité, dès notre arrivée sur la rive gauche, le temple de *Qournah*, qui est situé le plus au nord des édifices de cette contrée.

Commencé par Séti et achevé par Ramsès II, il était consacré à Jupiter Amon. Des pylônes qui formaient les abords de ce temple, on ne compte plus aujourd'hui que quelques fragments de pierres ; mais, grâce aux inscriptions qui recouvrent les murs intérieurs de ces ruines, on a pu constater que ce temple était essentiellement destiné aux cérémonies funéraires. D'un autre côté, sa position à l'entrée de la nécropole et dans le voisinage du désert, prouve assez le but auquel il était consacré. Les sculptures qui se trouvent dans la partie latérale du temple sont très intéressantes. Partout on retrouve Ramsès II adorant son illustre père Ramsès Ier, qui y est représenté sous les attributs d'Osiris. Plusieurs de ces sculptures sont si bien conservées, qu'on peut encore maintenant reconnaître la nuance primitive du coloris. A plus forte raison est-il facile de juger aujourd'hui encore de la finesse et du charme de l'exécution de ces ouvrages.

En suivant la lisière des terres parfaitement cultivées, longeant les montagnes calcinées et les vallées sablonneuses, nous arrivons aux tombeaux des princesses.

Des caveaux creusés dans les rochers donnent entrée à d'autres excavations. C'est là que reposaient les femmes légitimes des rois de la dix-neuvième dynastie. Les princesses, — qui n'étaient que les favorites, — vivaient légalement à côté des femmes légitimes.

Après leur mort, elles étaient inhumées dans les mêmes caveaux. M. le professeur Lepsius, dont le jugement fait autorité dans ces matières, nous apprend que les favorites avaient, aussi bien que les reines, leur généalogie. Diodore désigne les favorites sous le nom de princesses « Titi. » Il serait difficile de trouver, de nos jours, une expression plus significative que celle donnée par les anciens.

En revenant vers les temples de la vallée, M. Lepsius nous fait voir deux stèles, grandes plaques commémoratives taillées sur le roc même et recouvertes d'hiéroglyphes énumérant les vertus des souverains morts : ce sont, en réalité, des poteaux indicatifs, immuables, placés sur la route qui conduit à la nécropole royale.

La chaleur est devenue accablante ; elle dépasse quarante-cinq degrés. Cependant nous continuons notre marche, le chasse-mouche à la main, et nous arrivons au temple de Médinet-Abou.

Ces ruines forment trois groupes distincts : le temple de Toutmès I*er*, le grand temple érigé par Ramsès III, fondateur de la vingtième dynastie, et le pavillon royal, monument unique en Égypte, et dont la destination a fourni quelques *tables* aux égyptologues. Les hiéroglyphes qui ornent ce réduit indiquent clairement les actes de la vie la plus intime. Il est impossible, même à quelqu'un qui n'aurait aucune notion des antiquités égyptiennes, de les confondre avec ceux qui ornent les temples publics. Toutes les scènes des gynécées y sont minutieusement représentées.

Notre temps étant compté, nous n'avons pas le loisir de nous reposer à l'ombre des péristyles. Nous voici de nouveau en route, le soleil est haut et nous envoie ses rayons que nous tâchons de parer par nos ombrelles ; nos Arabes excitent nos montures accablées. C'est au Kamesséum que nous voulons nous reposer sous l'ombre des colonnades, et nous aspirons à gagner ce temple hospitalier.

Déjà depuis longtemps l'agglomération des ruines de temples et de palais était visible à l'œil, et enfin nous nous trouvons devant les pylônes remarquables qui racontent les triomphes de Sésostris sur les Chétas. Nous admirons ces colonnes tirant sur le jaune qui s'élèvent avec hardiesse contre les rochers des montagnes.

Le même principe qui a guidé l'esprit du fondateur du temple de Qournah se trouve reproduit dans le Kamesséum ; ce cénotaphe diffère seulement en ce que le premier a été érigé par Ramsès II à la mémoire de son père, et que celui-ci a été construit par Ramsès II à sa propre mémoire.

Les sculptures qui s'y trouvent glorifient le règne de Ramsès II, ses faits d'armes, ses victoires, ses actions d'éclat, lorsque abandonné par ses généraux, il se trouve dans un groupe d'ennemis, les terrasse, les met en déroute et les écrase sous le poids de son char.

Le célèbre colosse de Ramsès, en granit rose, gît mutilé sur le sable gris. Rien n'est plus saisissant que ces masses de pierres. Lorsqu'il était en entier, il pesait quatre fois autant que l'obélisque de Louqsor, c'est-à-dire environ un million de kilogrammes.

Comme les eaux du Nil sont toujours très élevées, nous ne pouvons pas aller voir les deux colosses de Memnon qui dominent majestueusement les flots du Nil, assis sur leur siége de granit. C'est un de ces deux colosses qui faisait entendre jadis une musique harmonieuse au soleil levant, phénomène que l'on explique par la dilatation subite de la pierre au soleil. Nous nous étions donc bornés à voir ces colonnes de loin ; et, même à une distance de deux à trois kilomètres, je pus les distinguer parfaitement.

Pour utiliser le temps qui nous restait avant de nous embarquer, nous avons encore visité le tombeau de *Pétaminophis*, riche particulier (probablement le Rothschild du temps de Ramsès), tombeau curieux par la bonne conservation de ses hiéroglyphes et de ses couleurs, et surtout par l'innombrable quantité de chauves-souris qui peuplaient ses corridors souterrains. Effrayées par la lueur de nos bougies, elles venaient se jeter sur nos figures principalement, ou bien, comme cela m'est arrivé à moi, elles venaient se lancer contre nos lumières et les éteignaient. Juste au moment où j'avais le plus besoin du secours de ma bougie (je me trouvais devant un puits béant), elle fut éteinte par un de ces hideux animaux. J'eus la présence d'esprit de rester immobile jusqu'au moment où l'Arabe qui m'accompagnait revint avec la bougie allumée à celle d'un de mes compagnons.

Nous regagnâmes, fort satisfaits, notre embarcation, et, de retour à Louqsor, nous apprenons que nos deux compagnons, égarés à Siout, viennent de nous rejoindre après bien des désagréments. Le Moudir de Siout, au lieu de les aider, leur avait plutôt mis des bâtons dans les roues, en disant que le lever du soleil n'était qu'un simple prétexte, que la véritable cause de cet *égarement* était survenue à l'occasion des almées avec lesquelles ces messieurs avaient désiré se divertir quelques instants de plus.

Heureusement pour nos compagnons que le Moudir de Minieh (le même qui nous reçut si obligeamment à bord de son bateau de plaisance) faisait à ce moment un voyage d'inspection, motivé probablement par le prochain passage de Sa Majesté l'Impératrice des Français. Ce haut fonctionnaire mit son bateau à leur disposition jusqu'à Kenneh, d'où, après avoir pris des chevaux, ils firent, à travers le désert, *une course de dix-sept heures par une chaleur de quarante-cinq degrés*, afin de nous rejoindre à Thèbes.

Il va sans dire que MM. de Moeller et Dümichen ont fait, en hommes d'esprit, bonne mine contre mauvais jeu, et, comme en fin de compte, tout s'était bien passé, ils furent les premiers à rire de cette mésaventure.

M. de Moeller avait parfaitement supporté les fatigues de cette cavalcade ; mais M. Dümichen, un savant, et peu habitué à cet exercice capable de fatiguer un centaure, s'en ressentit quelque temps après. Il avait gagné des rhumatismes tellement violents qu'il fut obligé de se servir pendant plusieurs jours de béquilles afin de pouvoir marcher. La chaleur, le climat, et surtout les soins du docteur Veit ont contribué à guérir en peu de temps cette maladie qui menaçait de devenir chronique.

Le 31 octobre fut encore consacré à explorer la rive gauche du Nil.

Au lieu d'embarcations, nous trouvons nos ânes et âniers ; je prends la monture de la veille, et, en risquant quelques mots arabes à mon guide, en l'encourageant par du tabac et des bakchiches, mon Abdallah fut bientôt devenu mon « habibi. » Aussi était-il bien fier, lorsque je l'appelais « Abdallah, habibi » (Abdallah, mon bon ami !)

Après une course à baudet, d'une demi-heure environ, nous nous trouvons dans cette vaste étendue de sable, entourés de lignes blanches formées par des montagnes superbes, des rochers à pic sur des amas de sable; on ne voit pas un arbre, pas un brin d'herbe, mais, en revanche, on est accablé par une chaleur effrayante. Des trous noirs sont pratiqués dans ces montagnes, ce sont les tombeaux creusés dans le roc.

Nous nous arrêtâmes avec une satisfaction marquée pour visiter les temples commémoratifs de Toutmès II et de Ramsès III, qui, par la simplicité et l'harmonie de leurs formes et de leur construction, nous donnent une véritable jouissance, tandis que l'aspect des temples au-delà du fleuve ne nous a pas donné de prime-abord cette vue d'ensemble.

Malgré la grande chaleur (45 degrés), nous sommes obligés de grimper sur une montagne aride et à pic et tellement roide que nous fûmes obligés de descendre de nos baudets afin de la gravir des pieds et des mains. Sans l'aide de mon brave *habibi* Abdallah-Muhamed, qui en cette occasion fit vraiment merveille en me soutenant, je crois que j'y serais resté inanimé, et que l'on aurait été forcé de m'ensevelir dans la nécropole royale des Pharaons. Ma générosité fut proportionnée au service rendu, et Abdallah me prouva qu'il en était satisfait en répétant avec une volubilité sans égale : « Katachera, ja Sidi, kéthir, kéthir, » ce qu'on pourrait rendre en bon français par : « Oh ! merci, maître ! beaucoup, beaucoup. » Le sens véritable du mot arabe « katachera » est : « Que Dieu augmente ton bien ! » Les Arabes l'emploient chaque fois qu'ils veulent exprimer leur reconnaissance.

Ce fut avec une bien grande peine et beaucoup d'efforts que je franchis le *Gebel-el-Bachri*, et certes je me souviendrai de cette ascension bien longtemps. Enfin, arrivé au sommet, je fus récompensé par un coup d'œil ravissant.

En redescendant la montagne de l'autre côté, — ce qui n'était guère moins pénible, — nous nous trouvâmes devant *les tombeaux des rois* de cette époque.

Une vallée solitaire sauvage enfoncée dans le désert renferme une réunion de ces caveaux dont nous apercevons les sombres portes au milieu des décombres entassés et des blocs de roches épars.

Les degrés y conduisent par un corridor qui pénètre dans l'intérieur de la montagne, et ce n'est qu'après quelques moments d'éblouissement que la faible lueur des bougies nous fait reconnaître les merveilles de ces lieux mystérieux.

Lorsqu'on y a pénétré, les vastes proportions et la magnificence de ces demeures souterraines vous frappent d'admiration. Elles varient selon la vie plus ou moins longue des souverains. La monotonie de la descente par l'allée souterraine et en pente est heureusement interrompue par ces vastes appartements, dont les plafonds sont soutenus par des piliers nombreux et solides.

Des chambres noires se rattachent aux grandes salles; des couloirs, en forme de puits, descendent dans d'autres salles, et, après être enfin sortis de ce labyrinthe, nous finissons par entrer dans la grande salle voûtée, dont le milieu est destiné à recevoir le sarcophage.

L'étonnement que nous cause l'idée des efforts incroyables qu'il fallut pour creuser ces galeries s'accroît encore lorsque nous tournons nos regards vers les décorations qui couvrent les murs sur toute leur étendue, et font voir la mythologie égyptienne à son plus haut degré de perfection.

Toutes les phases que l'âme avait à parcourir après la mort, toutes les transformations, les purifications, et le jugement dernier qu'elle avait à subir pour atteindre le repos éternel, tout cela se trouve dessiné en une suite d'images mystiques.

La variété merveilleuse des formes et des couleurs plonge l'esprit du spectateur dans une contemplation rêveuse, et c'est avec un sentiment d'aise et de liberté qu'il retourne de cette obscurité éternelle à la clarté et à la lumière du jour.

Le temple de Deyr-el-Bachari est placé au fond du cirque, dont l'assassif est le centre ; il est adossé à une montagne à pic, dont l'autre côté aboutit à la vallée.

L'origine du temple n'est pas douteuse. Il a été élevé à la mémoire de la reine *Hatasou* comme *Médinet-Abou* l'a été à la gloire de Ramsès III.

Le lieu choisi pour l'érection de ces temples commémoratifs tient à des causes religieuses sur lesquelles nous ne reviendrons pas.

Les murs de Deyr-el-Bachari sont recouverts de cartouches qui, au premier coup d'œil, établissent une grande confusion dans l'esprit du visiteur. C'est qu'en effet Hatasou a successivement pris plusieurs noms, selon qu'elle régna comme tutrice de ses deux frères ou bien par elle-même.

L'histoire n'est pas oubliée dans ce temple, mais il est difficile de dire si les tableaux que l'on rencontre çà et là se rapportent au même sujet.

Les murs sont recouverts de sculptures des plus remarquables. Une armée en tenue guerrière est représentée dans un cadre. Les soins avec lesquels les détails de cet ouvrage sont exécutés, la splendeur et la richesse des couleurs, très bien conservées, donnent un intérêt tout particulier à l'examen de ces merveilles.

Une inscription en hiéroglyphes dit « qu'elle (la reine) a fait construire cet édifice et ériger deux magnifiques obélisques en granit, en l'honneur de son père Amon, roi de la haute et basse Égypte, à qui la vie est donnée comme au soleil dans l'éternité. »

Une autre inscription ajoute que Ramsès II a fait agrandir ce temple par différentes constructions.

A l'intérieur, nous avons remarqué pour la première fois une architecture voûtée. Mais ce ne sont pas des constructions faites d'après les règles que l'on suit, de nos jours, pour bâtir. Ces piliers sont placés l'un près de l'autre, dans une position oblique, et leurs extrémités se trouvent cachées par des rangées d'énormes blocs.

Nous sommes assaillis de vendeurs de scarabées gravés, faux ou vrais, qui nous sont offerts par des Arabes avec les cris *antico, antico!* pour nous engager à en faire l'acquisition. Il faut se méfier de ces prétendus antiques, car depuis que les fouilles se font sous les auspices du gouvernement égyptien, tout objet d'une valeur réelle est envoyé de suite au

Caire pour y être placé dans le musée royal de Boulaq.

En continuant notre route pour regagner les bords du Nil et notre embarcation, nous jetons encore de loin un coup d'œil sur les colosses de Memnon, avec le regret de ne pouvoir nous en approcher, afin de voir de près ces ouvrages gigantesques.

A peine étions-nous rentrés à Louqsor, que nous vîmes une forte fumée à l'horizon, du côté du nord.

C'était la flottille qui amenait l'Impératrice, et qui était précédée d'un bateau, ayant à bord le prince Hussein, deuxième fils du Khédive.

Sa Majesté l'Impératrice, arrivée au Caire le lendemain de notre départ de cette ville, fut reçue de la façon la plus brillante, non-seulement par le Khédive et la population indigène, mais encore par toute la colonie française en Égypte. On avait fait élever des arcs de triomphe, des portiques avec des emblèmes, etc., etc.

A Thèbes, tout avait été préparé, pendant notre absence, pour recevoir dignement « *Madame la Sultane de France,* » comme les Arabes appelaient Sa Majesté. La berge, soigneusement nettoyée par des fellahs, présentait une descente luxueusement établie. Thèbes était animé d'un tel mouvement, que l'on songeait, malgré soi, à la ville aux cent portes.

A peine l'Impératrice était-elle arrivée qu'elle mit pied à terre, et se promenant sur la plage, elle adressait des paroles aimables à toutes les personnes qu'elle rencontrait. Elle se fit présenter plusieurs personnes tant Français qu'Allemands et Espagnols, et les invita tous à prendre le thé sur son bateau pendant la soirée.

L'Impératrice, vêtue de blanc, était accompagnée dans son voyage, par le duc de Huescar, son neveu, et mesdemoiselles d'Albe, ses nièces ; le général de division Douay, aide de camp de l'Empereur ; le comte de Cossé-Brissac, chambellan ; M. Raimbeaux, écuyer, et M. Hepp, officier d'ordonnance de l'Empereur ; madame la comtesse de la Poëze, dame d'honneur, et mesdemoiselles Marion et de Larmina, lectrices de Sa Majesté.

Mariette-Bey était chargé par le Khédive d'accompagner Sa Majesté pour Lui donner, pendant son excursion dans la Haute-Égypte, toutes les explications et renseignements qu'Elle pourrait désirer.

Le même soir, un banquet réunissait tous les invités du Khédive. Ce dîner gala avait lieu d'après les ordres exprès du Vice-Roi : Tonino-Bey en faisait les honneurs.

Sous une tente dressée *ad hoc* et pavoisée de feuillages de palmiers, se trouvaient réunies les cent trente personnes qui, depuis dix jours, naviguaient sur le Nil dans la plus cordiale entente.

Rien de plus curieux et de plus imposant qu'une salle de fête improvisée au milieu du désert. Aussi l'Impératrice, voyant cette salle, loua fort le bon goût de l'arrangement.

Qu'on se représente, en effet, un dîner servi avec la correction et le luxe des grandes cours de l'Europe ; mets recherchés, vins des crûs célèbres, et tout cela à Thèbes, à quelques pas des temples de Ramsès, et l'on conviendra que les plus blasés et les plus sceptiques ne pouvaient pas dire comme on dit à Berlin : *Nous avons mieux vu que ça.* (Ist alles schon da gewesen.)

Les toasts ne firent pas défaut. Le premier fut porté au vice-roi par M. Lepsius ; M. Duval a bu à la santé de Tonino-Bey. Enfin, je citerai entre les plus remarquables celui de M. de Quatrefages, qui a porté un toast à l'union entre tous les peuples. Sur la demande de plusieurs des convives, l'honneur me fut dévolu de porter un toast à la gracieuse souveraine qui venait d'arriver peu de temps avant notre réunion.

Il va sans dire que ces toasts furent tous chaleureusement accueillis.

Thèbes offrait ce soir un spectacle éblouissant. La flottille qui avait amené l'Impératrice, les bateaux des invités, en tout, avec les chalands et barques de transport, une vingtaine de navires, étaient pavoisés et illuminés. Le reflet de ces lumières dans le Nil, par une soirée superbe, était resplendissant, et c'était bien dignement clore notre séjour à Thèbes, que d'avoir un coup d'œil aussi rare qu'imposant.

Les invités, aussi bien que les personnes de la suite de l'Impératrice, après le thé offert sur le bateau impérial, se promenèrent jusque bien avant dans la nuit sur la plage, ne pouvant se séparer de la magnificence et du grandiose de cette vue.

CHAPITRE VII

VOYAGE SUR LE NIL

2ᵉ PARTIE

De Thèbes à Assouan

Sobriété de notre équipage. — Le jeûne. — Esneh, marché et temple. — Edfou. — Les Bicharris. — Un père modèle. — Gebel-Silsileh. — Ombos. — Assouan. — La mise des habitants. — Bazars. — Dépôts de plumes d'autruches. — « Mafiche. » — Feu d'artifice en l'honneur de l'arrivée de l'Impératrice. — Les cataractes du Nil. — Philae. — Inscriptions sur les pylônes. — L'île de Biggeh. — Sieste. — Dada marin. L'île d'Éléphantine. — Promenade à chameau. — Cérémonie funéraire. — État sanitaire des invités. — Projet d'un banquet commémoratif.

Nous quittons Thèbes le 1ᵉʳ novembre, de grand matin, laissant l'Impératrice visiter les merveilles que nous avions admirées les jours précédents. Nous poursuivons notre voyage vers la frontière de Nubie.

Après s'être reposé pendant les trois jours que nous avions passé à Thèbes, notre équipage était entièrement remis de ses fatigues et se trouvait à son poste.

Ne voulant pas laisser nos gens de l'équipage simples spectateurs, pendant que nous étions en fête, nous leur avions fait donner, selon la coutume du pays, des moutons, qu'ils préparèrent et accommodèrent à leur façon.

Tout animal destiné à servir de nourriture à un musulman doit être préalablement saigné sous le cou. Avant l'opération, la personne chargée de sacrifier l'animal doit prononcer les formules de bénédiction prescrites par le Coran. Cette prière, ressemblant beaucoup à notre *Benedicite*, se trouve en tête du Coran, et peut être traduite par : « Au nom de Dieu clément et miséricordieux. »

J'ai remarqué que lorsque les gens de notre dahabieh tuaient les moutons, ils observaient strictement cette règle.

On sait que la religion défend au mahométan de manger du porc, parce que cet animal est regardé comme le plus vil et le plus immonde de la création.

Les Arabes sont en général d'une sobriété exemplaire. Leur boisson n'est guère que de l'eau et du café. Il leur est défendu de faire usage de boissons ou liqueurs fermentées. L'infraction à cette règle est punie, par le Coran, de quatre-vingts coups de bâton. Si cette mesure rigoureuse n'a pas guéri le délinquant d'un désir considéré par tout croyant comme un très grand crime, les coups sont doublés en cas de récidive, ou bien l'inculpé est soumis à une exposition publique, puis enfin à la détention.

Les musulmans ont un profond mépris pour l'homme ivre, ils le comparent à un porc se vautrant dans la fange. Aussi l'Européen qui habite l'Orient doit-il bien être sur ses gardes, car il perd à tout jamais la considération s'il se montre à un Arabe en état d'ivresse. Plus on est sobre, plus on monte en estime auprès d'eux. Pour compléter ce récit il me sera permis d'ajouter un mot sur une question d'hygiène des plus importantes pour les Arabes. Je veux parler du *jeûne*.

Les Orientaux font une distinction fort marquée entre le jeûne volontaire et le jeûne obligatoire. On s'impose le jeûne volontaire par esprit religieux ou bien à la suite d'un vœu, pour la réussite d'une affaire que l'on veut entreprendre. La femme mariée ne peut pas jeûner sans la permission de son mari.

Le jeûne obligatoire est celui auquel les musulmans sont astreints pendant le Ramadan, qui commence le 4 décembre. Au lever de la lune qui annonce le Ramadan, tout musulman, homme ou femme, ayant atteint l'âge de puberté, doit se préparer au jeûne. Jeûner, pour un musulman, c'est ne prendre aucune nourriture, aucune boisson, s'abstenir de fumer, de priser, depuis l'heure du matin où l'on peut distinguer un fil blanc d'un fil noir, jusqu'après le coucher du soleil. Les personnes à qui le jeûne serait nuisible peuvent le rompre, mais à la charge de remplacer plus tard les jours pendant lesquels elles n'auraient pas observé le jeûne. Celui qui sans de graves motifs enfreint le jeûne du Ramadan, doit donner une certaine quantité de céréales et fruits à un nombre déterminé de pauvres. Sidi Khelil, dans ses *Commentaires sur le Coran*, chapitre du Ramadan, dit : « Celui qui mange dans le jour, avec intention, est puni, par la loi, de la peine de mort; après avoir été engagé à se convertir, s'il ne se convertit pas, qu'il soit mis à mort. »

La sobriété est tellement la seconde nature des Arabes, qu'ils ne pensent même pas à goûter du fruit défendu. Et, pendant notre voyage, s'ils avaient eu le désir de s'affranchir impunément de la rigueur de ces lois, ils auraient parfaitement bien pu le faire; mais, je le répète, l'idée ne leur en est jamais venue.

Revenons maintenant à notre voyage.

Dans le courant de la journée, nous arrivons à Esneh (Latopolis des anciens), où nous devons passer la nuit. Cette ville, chef-lieu de la province, est située sur la rive gauche du Nil. Ses bazars se distinguent par une grande richesse d'étoffes de coton et de soieries. Presque toutes les rues étaient pavoisées, et dans les bazars il y avait un très grand choix d'étoffes mises en vente. Les marchands arabes croyant sans doute qu'ils avaient affaire à une invasion de millionnaires européens, avaient mis leurs marchandises à de tels prix, qu'aucun de nous ne se trouva tenté de faire la moindre emplette.

Il y a au milieu de la ville une place excessivement animée et tellement encombrée de marchands et d'acheteurs arabes de toutes nuances, qu'il était littéralement impossible de circuler. On se fait finalement au tumulte et aux cris poussés par tout ce monde, et cependant chaque ville conserve un cachet d'originalité. Ce qui me frappa surtout à Esneh, ce fut l'immense quantité de changeurs établis en plein vent. Assis par terre, ils ont devant eux de petits tabourets, sur lesquels ils placent une planche pour y compter la monnaie qu'ils veulent changer.

Ce grand nombre de changeurs établis dans une ville de moyenne grandeur, telle qu'Esneh, ne peut guère s'expliquer que par le commerce considérable de soieries qui s'y fait. Les acquéreurs de ces marchandises font partie de caravanes qui se rendent au Soudan, et ils ne peuvent payer qu'en monnaie du pays.

L'Arabe est d'ailleurs très défiant. Si on vient à lui donner d'autres pièces d'argent que des piastres, il croit ou fait semblant de croire, qu'on veut le tromper. Un fait à l'appui de mon assertion.

Un jour qu'un gamin arabe avait porté mon plaid pendant une course assez longue et durant laquelle il avait dû suivre l'allure assez vive de mon bourico, je lui donnai pour bakchiche une pièce de monnaie française, et cela parce que je n'avais pas de piastres. Pour le pays, mon pourboire était princier. Cependant le gavroche égyptien se mit à pleurer en montrant la *pièce fausse* à ses camarades. En même temps, il me faisait comprendre par ses gestes et par ses exclamations, que je ne l'avais pas récompensé de sa peine. J'essayai en vain de lui faire entendre que la pièce reçue était au moins le double de ce qu'il attendait en piastres, il continuait à verser de grosses larmes. Un de mes compagnons de voyage, arrivant sur ces entrefaites, me tira d'embarras. Tout en laissant la pièce qu'il croyait fausse à ce descendant des Pharaons, je lui octroyai en piastres les bakchiches tant désirés. Comme par enchantement ses larmes se changèrent en un franc sourire; mais je suis convaincu qu'il croyait bel et bien que j'avais eu l'intention de le frustrer.

Le temple d'Esneh est situé presque au milieu de la ville, non loin de la grande place. Il se trouve enseveli de trois côtés dans les décombres jusqu'aux toits. Il est en outre entouré des huttes et des maisonnettes des fellahs. L'intérieur, déblayé sous Méhémet-Ali, est remarquable sous beaucoup de rapports. Pour arriver au sanctuaire, il faut descendre un escalier de plus de vingt marches, comme pour pénétrer dans un souterrain. On remarque dans le temple quatre rangées d'énormes colonnes, et au plafond un zodiaque frappe notre vue. La façade et les colonnes de ce temple datent de l'époque romaine, tandis que le fond de la salle est de l'époque grecque et prouve qu'une partie a été construite par Ptolémée Épiphane.

Les Arabes qui erraient dans ce temple et qui s'y trouvaient en quelque sorte comme guides, étaient vêtus de longues chemises en calicot blanc bordées de rouge. Le Vice-Roi avait fait donner des ordres pour que les fellahs, dans les temples où l'Impératrice devait s'arrêter, eussent à se vêtir de chemises. A cet effet, on avait expédié du Caire d'énormes ballots de chemises, qui venaient d'être distribuées. Comme le calicot n'avait pas encore été lavé, les moindres mouvements que faisaient les Arabes occasionnaient un frou-frou très comique. Ces chemises étaient confectionnées, d'après le modèle des toges d'avocats, à manches longues et larges, et les Arabes, qui les portaient pour la première fois, étaient assez fiers de leur nouveau vêtement. Ils couraient comme des bienheureux et semblaient évidemment se plaire dans leur tenue officielle, qui, du reste, leur allait très bien. Cette chemise ample et large, d'une blancheur irréprochable, faisait ressortir la jolie nuance de leur épiderme qui devenait de plus en plus noire à mesure que nous nous rapprochions des frontières de la Nubie. Le tarbouche était nécessairement la coiffure de rigueur.

Nous consacrâmes notre soirée sur la dahabieh *l'Ibis*, à écouter les explications que nous donna, sur le ciel étoilé du Sud, M. Rumker, directeur de l'Observatoire de Hambourg. Ce savant avait dans ses bagages un attirail complet d'instruments de précision, ce qui lui permettait de nous initier aux premières notions de l'astronomie, cette branche si importante de la science. Nous n'avons peut-être pas tous pu suivre le savant astronome dans ses déductions, mais nous avons tous, au moins, rendu justice à son amabilité et à son urbanité exquise.

Partis le 2 novembre, à l'aube, d'Esneh, nous arrivions avant midi à Edfou (Apollinopolis Magna). — Aussitôt débarqués, nous montions sur nos baudets, nos compagnons aussi utiles qu'inséparables, pour nous diriger directement vers le temple, situé à une demi-heure de la rive. Le temple d'Edfou se fait déjà remarquer de loin par ses pylônes gigantesques. D'après les ordres de S. A. le Khédive, ce temple a été déblayé sous la direction de Mariette-Bey.

Les huttes et habitations des fellahs qui, il y a peu d'années encore, se trouvaient entassées jusque sur les pylônes de ce bel édifice, ont été enlevées.

Ce temple se distingue surtout par ses dimensions, la beauté de ses proportions. C'est une des ruines les mieux conservées de l'Égypte. Un mur d'enceinte, que les atteintes du temps ont respecté, l'entoure et permet ainsi aux visiteurs de se former une idée assez juste de l'étendue de ce vaste édifice, fondée par Ptolémée IV

Philopator. Les pylônes surtout sont dans un excellent état de conservation ; des escaliers bien entretenus permettent d'y arriver facilement. Quand même il y aurait à surmonter de graves et nombreuses difficultés pour atteindre le sommet de ces hauteurs, il faudrait encore en tenter l'aventure, car on est récompensé par une vue magnifique sur les chaînes des montagnes qui avoisinent le Nil, sur les prairies verdoyantes et sur les forêts de palmiers qui en longent les deux rives. Les inscriptions qui se trouvent sur la partie extérieure du temple apprennent au visiteur que chaque chambre avait son nom propre ; elles indiquent aussi la dimension de ces chambres. Par ces données on possède maintenant la clef des anciennes mesures égyptiennes, qui peuvent être ramenées à nos mesures modernes.

Les temples d'Edfou, voués à Horus et à Hathor, ressemblent, dans les plans de construction et dans les détails de l'architecture, tellement au temple de Denderah que chaque visiteur en est frappé à la première vue.

Notre cavalcade marchait bon train pour regagner le bateau, malgré une chaleur de trente-cinq degrés à l'ombre. Bien souvent notre pensée se portait en Europe, et nous avions tout lieu de croire qu'en ce moment, dans notre patrie, on ne devait pas se plaindre d'une chaleur excessive. J'avais appris par des messieurs qui se trouvaient dans la suite de l'Impératrice que, d'après des télégrammes reçus de Compiègne, il y avait de la neige dans cette ville et à Paris.

Revenus aux bords du Nil, nous trouvâmes une horde d'Arabes, nommés *Bicharris*, placés le long de la berge. Ce sont des hommes qui, pour tout vêtement, ne portaient qu'une espèce de caleçon de bain ; le reste du corps était entièrement nu. Quelques-uns d'entre eux avaient des cheveux crépus d'une longueur rare. Ils se groupèrent en cercle et exécutèrent une danse armée. S'avançant deux par deux, l'un faisait le simulacre de l'attaque avec une lance, glaive ou hache, en poussant des cris imitant le chacal ; l'autre, en vociférant d'une manière assez grotesque, tâchait de parer les coups que son adversaire voulait lui porter, en se cachant derrière un bouclier en peau d'hippopotame. Cet assaut était accompagné par des bonds et des sauts surprenants. Les hurlements des autres Bicharris formant le cercle ne manquaient pas d'une certaine originalité.

Jusqu'au moment où on donna le signal du départ, j'étais resté à me promener sur la berge en me mêlant au groupe de ces nomades. Plusieurs de ces individus étaient accompagnés de leurs enfants. Deux de ces gamins se distinguaient surtout par la gentillesse de leur figure et la couleur bien foncée de leur épiderme. Je les montrai à Stop, le dessinateur si justement apprécié du *Journal amusant*, qui me communiqua son dée d'en faire un croquis. Je fis approcher le plus gentil des bambins et le mis dans l'attitude que Stop m'indiqua. Aussitôt tous les autres gamins briguèrent l'honneur d'être dessinés, surtout pour avoir le bakchiche, récompense qui leur paraissait inévitable. Le père du gamin, voyant que l'on s'occupait de sa progéniture, mais sans trop comprendre ce dont il s'agissait, va chercher notre drogman pour lui dire que, s'il s'agissait de l'achat de son fils, il consentirait volontiers *à me le* VENDRE *moyennant* UN *Napoléon*. Si je n'avais pas eu trop d'exemples que ces garçons, une fois en Europe, se perdent trop facilement, j'aurais peut-être cédé à la tentation qui, du reste, était partagée par plusieurs de mes compagnons, mais qui reculaient par la même raison que moi d'accepter l'offre *généreuse de ce complaisant* et *par trop affectueux père*.

Nous partîmes d'Edfou, pour nous diriger sur Gebel-Silsileh que nous atteignîmes le même soir.

La matinée du mercredi, 3 novembre, était d'avance

destinée à faire une courte expédition aux carrières de Gebel-Silsileh. C'est en cet endroit que les Égyptiens ont puisé les matériaux qui ont servi aux constructions gigantesques de Louqsor, de Karnak, de Médinet-About, etc. Les monolithes qui font encore aujourd'hui l'admiration de l'univers entier proviennent pareillement de ces carrières.

Nous continuâmes notre route en nous rendant à Ombos, où les restes d'un temple sont admirablement placés sur une hauteur de la rive droite du Nil. Les pylônes de ce temple, sauf quelques débris, ont été engloutis par le Nil, tandis que le sable mouvant du désert est venu l'attaquer du côté opposé, qui est presque entièrement ensablé.

Différents indices démontrent qu'un temple y a existé depuis les temps les plus reculés. Mais les ruines qu'on y trouve maintenant appartiennent à un temple commencé par Ptolémée Philopator, continué par son frère Évergète et achevé par Dionysos. L'édifice d'Ombos a ceci de particulier qu'il forme la réunion de deux temples juxtaposés, dont l'un est dédié au dieu de la lumière, Horus, et l'autre à celui des ténèbres, Sébek, symbolisé par le crocodile. Il est constaté que les habitants d'Ombos adoraient le crocodile (timsah) comme animal sacré.

A peu de distance du temple d'Ombos, le paysage change sensiblement. Le lit du fleuve devient plus étroit, des rochers arides se montrent jusqu'au bord et ne donnent qu'une faible place à la culture qui longe les bords. Soudain, on voit des chaînes en granit, d'une formation bizarre et variée ; les villages se succèdent, la population, d'une couleur plus foncée, presque noire, est plus nombreuse et plus active. Une longue forêt de palmiers accompagne le Nil jusqu'à un endroit où nous vîmes de petits îlots et des blocs de rocher dans le courant du fleuve. Après avoir parcouru une faible distance, nous nous trouvons devant *Assouan*, l'ancienne Syene, éloignée seulement de quarante kilomètres environ des tropiques. Du reste, les trente-cinq degrés que notre thermomètre marquait à l'ombre, nous en faisaient ressentir les approches.

Dès que nous eûmes mis pied à terre, plusieurs d'entre nous suivirent M. Lepsius pour découvrir les traces d'un nilomètre ; d'autres, et j'étais du nombre, se dirigèrent du côté des bazars et des entrepôts où les caravanes venant du Soudan déposent leurs cargaisons de plumes d'autruche.

L'Européen trouve une excitation et un plaisir infinis à circuler dans ces bazars et à parcourir les ruelles étroites et tortueuses où ils sont situés.

Le type des hommes qu'on y rencontre est plus marqué et plus beau que dans les autres contrées de l'Égypte que nous avons parcourues jusqu'alors. Les gamins sont tout nus jusqu'à douze ans. A partir de cet âge ils portent autour des hanches, au lieu de ceinture, une ficelle, qui sert à attacher et maintenir un bandeau de linge, sur lequel ils sont à cheval, c'est là tout leur costume. Les filles sont également sans aucun vêtement ; mais elles portent, dès qu'elles deviennent nubiles, c'est-à-dire dès leur neuvième ou dixième année, un pagne attaché autour des reins. Le pagne est une ceinture ornementée par une ou deux rangées de petits coquillages d'où tombent, longues de vingt-cinq à trente centimètres, des bandelettes en cuir, imitant des franges. Ni les tailleurs ni les couturières ne feront jamais fortune dans ces pays. Pour compléter l'originalité, les jeunes filles portent des anneaux attachés, dans le haut et le bas de l'oreille, à travers le nez. Elles ont en outre des bracelets en argent au poignet, au haut du bras, ainsi qu'à la cheville. Les femmes mariées sont cependant entièrement recouvertes de longues chemises ; leur figure est invariablement cachée à la vue du monde.

Les bazars d'Assouan sont surtout richement fournis de dents d'éléphants qui se vendent de 500 à

800 piastres la pièce, de cornes de capricornes, dattes, etc. Mais la principale branche de commerce, ce sont les plumes d'autruche. Arrivé à l'entrepôt pour en faire emplette, j'y trouvai un nombre très considérable d'invités, qui venaient dans le même dessein que moi. Les marchands, pour le moins aussi rusés que leurs frères d'origine, les israélites, voyant cette affluence d'acheteurs, nous firent des prix inabordables. Presque tous nos compagnons de voyage, rebutés par ces prétentions éhontées, tournèrent le dos aux marchands, qui perdirent pour avoir trop voulu gagner. Je ne m'éloignai pourtant qu'avec la résolution de revenir le lendemain, et seul, si cela était possible.

En attendant l'heure du dîner, je fis avec le baron de Kehler une promenade dans la ville. N'ayant pas de guide, nous fîmes plus de chemin que nous ne voulions. Heureusement que mon compagnon avait sur lui une petite boussole qui, d'ailleurs, ne le quittait jamais. Cet instrument nous fit retrouver la direction du Nil. Il est excessivement difficile de se reconnaître dans les rues, car il ne s'y trouve aucune indication propre à vous orienter. Tout en ne sachant guère où nous allions, malgré notre boussole, nous nous trouvâmes tout à coup dans un quartier réellement élégant, où l'on pouvait voir des maisons à deux étages, fenêtres closes par des balcons grillés. Les portes étaient ouvertes, et les maisons semblaient inhabitées. La curiosité nous fit entrer dans l'une de ces maisons. Un Arabe vint à notre rencontre, nous conduisant partout. Il paraissait satisfait lorsque nous lui disions les mots : *taïb, taïb kethir* (bien, très bien). L'Arabe ne voulait plus nous lâcher, et semblait tenir à nous faire voir d'autres maisons, dont la beauté paraissait l'émerveiller.

A l'aide d'un dialogue que j'avais sur moi, et par des gestes, je demandai à notre guide si ces maisons étaient à louer ou bien si elles étaient destinées à recevoir des étrangers pour y loger. Mais, à partir de ce moment, il répondit invariablement à toutes mes questions par le mot « *mafiche,* » hochant la tête et riant de bon cœur. Il laissait alors voir deux rangées de dents blanches comme de l'albâtre. Toujours riant, il nous répétait « *mafiche* » en accompagnant cette riche expression d'un signe négatif assez accentué pour nous faire comprendre que ces maisons n'étaient destinées qu'à leurs propriétaires.

Cette promenade nous avait attardés quelque peu et nous ne regagnâmes notre bateau que lorsque la nuit était déjà tombée. Heureusement que les lumières provenant des fanaux allumés sur nos bateaux nous indiquaient la direction que nous avions à prendre. Du reste, plus nous nous approchions des tropiques, plus le crépuscule ressemblait à la nuit. Le soleil à peine a-t-il quitté l'horizon qu'il fait complétement nuit, et j'ai fait l'observation que, dix minutes après le coucher du soleil, le ciel est entièrement étoilé.

Nous apprîmes, à notre rentrée, que l'Impératrice, qui depuis Thèbes ne s'était plus arrêtée en route, était arrivée à Assouan. Nous eûmes un spectacle grandiose. Tous les bateaux, tant ceux qui formaient la flottille de Sa Majesté, que les nôtres, avaient illuminé. C'était là aussi la raison pour laquelle nous voyions de si loin un reflet de lumière si brillant.

Le soir on avait tiré, sur une grande place donnant sur la berge et située presque en face de l'endroit où le bateau de l'Impératrice était amarré, un magnifique feu d'artifice qui se reflétait dans les flots du Nil. Des feux de Bengale, allumés par intervalles, faisaient voir les montagnes de la chaîne libyque sous un aspect gigantesque et féerique. Nous ne pouvons, pour compléter ce tableau, oublier la musique indigène, une fantasia d'almées qui, effrayées par le bruit des fusées, interrompaient leur danse voluptueuse pour recommencer de plus belle, car il s'agissait de se distinguer, et personne n'ignorait que madame la Sultane de France était arrivée. Ce que je crois encore devoir mentionner, c'est le calme et le flegme avec lequel les Arabes regardaient ce spectacle. Ils n'avaient certes jamais rien vu de pareil; cependant ils ne paraissaient nullement impressionnés.

Comme les bateaux à vapeur étaient trop grands pour franchir la cataracte, on avait pris la résolution de suivre le chemin de terre.

A six heures du matin, le 4 novembre, nous abandonnâmes notre steamer, afin d'aller aux cataractes d'Assouan. Tandis que plusieurs de nos compagnons choisissaient le chemin des gorges et des ravins, je longeai cette côte admirablement belle du Nil pour me rendre à Birbeh, l'endroit où nous devions traverser un bras du fleuve pour nous rendre à l'île de Philae, qui, sans contredit, est un des sites les plus beaux de l'univers.

Le Nil se fraie un passage à travers les rochers de granit foncé, et on voit s'élever au milieu de cette masse d'eau mugissante un îlot recouvert de ruines d'une architecture resplendissante entourées de palmiers, de dattiers et d'une végétation luxuriante.

Je m'étais figuré pouvoir comparer les cataractes du Nil à la chute du Rhin, à Schaffhouse, mais j'ai été bien déçu. Les cataractes ne sont autre chose que des rapides d'une longueur de 50 mètres et d'une élévation de 1 à 2 mètres, et que l'on n'aperçoit que par suite du choc de l'eau contre les blocs de rocher qui se trouvent dans le courant du fleuve, à la distance de 10 à 15 mètres les uns des autres, et contre lesquels l'eau vient se briser, en faisant jaillir des flots d'écume blanche. Mais, d'après le dire de nos compagnons de voyage, qui ont vu ces brisants à un moment où les eaux du Nil sont basses, là où il n'y a aujourd'hui qu'un rapide, on peut voir alors de véritables cascades. Les rochers dont le lit est encombré sortent de l'eau, et ainsi le courant du fleuve, se heurtant contre ces rochers, produit de véritables cataractes.

Les temples qui se trouvent à Philae étaient voués au culte d'*Isis* et *Osiris*. Ce culte était encore pratiqué dans cette petite île, même après l'édit de Théodose, qui proscrivait la religion égyptienne.

Au sud de cette île, deux colonnades conduisent des bords du fleuve au temple. Ces colonnades ne semblent jamais avoir été achevées. Ce qui le prouve, c'est que les chapiteaux des colonnes ne sont ni taillés ni sculptés.

Parmi les inscriptions hiéroglyphiques taillées sous la grande porte du premier pylône, formant la façade, nous avons remarqué, avec un sentiment d'intérêt bien naturel, l'inscription suivante, gravée par les Français en 1799 :

« L'an VI de la République, le 12 messidor, une
« armée française, commandée par Bonaparte, est
« descendue à Alexandrie. L'armée ayant mis, vingt
« jours après, les Mamelouks en fuite aux Pyrami-
« des, Desaix, commandant la 1re division, les a pour-
« suivis au-delà des cataractes, où il est arrivé le
« 13 ventôse de l'an VII.*. »

* Jusqu'à nos jours, les régiments qui ont pris part à cette expédition ont conservé une chansonnette que les troupiers français chantaient, et les couplets suivants prouvent que l'esprit gai des Français n'a jamais été troublé, même dans les moments les plus pénibles et les plus critiques :

Ils avaient perdu le bon sens,
Ces bons messieurs du Directoire,
D'envoyer tant de braves gens
En Égypte, chercher victoire.

L'eau du Nil n'est pas du champagne,
Elle affaiblit notre jarret ;
Et comment faire campagne,
Dans un pays sans cabaret ?

3.

Les membres de la commission scientifique, qui étaient joints à cette expédition et qui explorèrent à cette époque l'île de Philae, ont inscrit dans un autre endroit de l'intérieur du temple leurs observations sur la position astronomique du monument :

« Latitude N. 24° 3'45", longitude E. du méridien de Paris 30° 15'28". »

L'Impératrice avait fixé le même jour pour visiter l'île de Philae. Nous apprîmes par des officieux que Sa Majesté désirait ne pas être gênée dans cette excursion. Nous crûmes donc devoir prendre l'initiative, en quittant l'île au moment où l'arrivée de l'Impératrice était signalée, pour nous rendre, dans des barques qui étaient prêtes à nous recevoir, sur l'île de Biggeh, située en face de Philae. Il paraît (et j'ai recueilli cette observation d'une personne parfaitement bien renseignée), que ce *désir* de ne pas rencontrer les invités du Khédive dans l'île de Philae a été manifesté à l'insu de l'Impératrice.

Le fait est d'autant plus vraisemblable que l'Impératrice a toujours été d'une grâce et d'une amabilité parfaites, non-seulement à l'égard des Français, mais encore envers tous les voyageurs appartenant à d'autres nationalités.

La visite de l'île de Biggeh, nous a offert un véritable intérêt. On jouit, des points culminants de ce petit îlot, d'un coup d'œil ravissant tant sur les cataractes que sur le pays. — Le séjour de l'Impératrice se prolongeant à Philae, mes compagnons s'amusèrent à explorer les montagnes de l'île de Biggeh. N'ayant point eu envie de les imiter, car je me contentai du coup d'œil que j'avais eu d'une élévation assez remarquable, j'attendis leur retour en faisant à l'ombre une sieste très agréable. J'employais mon temps à faire danser et chanter quelques gamins et gamines, et pour mieux poser en pacha, j'avais placé deux petites filles à côté de moi, dont l'une était chargée de m'éventer, tandis que l'autre était préposée au soin de me préserver des moustiques à l'aide d'un chasse-mouches. Je n'ai pas besoin d'ajouter qu'elles accomplissaient avec un sérieux religieux les fonctions dont elles étaient chargées.

Mes amis, en revenant, me trouvèrent dans cette position, et je ne me décidai à la changer qu'au moment où nous vîmes que l'Impératrice avait quitté Philae. Nous y retournâmes et de grand cœur, car nous savions qu'un excellent déjeuner nous attendait dans une des halles du temple.

Les gamins et gamines qui se trouvaient dans l'île

de Biggeh vinrent nous accompagner jusqu'à la barque qui devait nous reconduire à l'île de Philae.

Nous eûmes alors sous les yeux un spectacle aussi gai que bizarre. Garçons et filles prirent de gros morceaux de bois, — des troncs de palmier, — les enfourchèrent et se mirent à nager à côté de nous. Les garçons n'étaient coiffés que d'une calotte blanche, tandis que les filles, également toutes nues, s'étaient fait un turban de leur chemise en la roulant autour de leur tête. Ces petites filles étaient on ne peut plus gentilles et gracieuses. Leur figure animée est bien proportionnée et elles maniaient avec une certaine adresse leur dada marin.

Elles ont la peau d'un si beau noir, qu'elle paraissait être vernie, surtout quand elle était humectée par l'eau, ce qui en rendait l'aspect encore plus pittoresque.

C'est par le désert, à travers des montagnes brunies au soleil, que je retournai de Philae à Assouan, sous le poids écrasant d'une chaleur de quarante-cinq degrés. J'aurais voulu prendre la route que j'avais suivie le matin, elle était ravissante, surtout aux endroits où nous longions le fleuve. Mais, fut-ce par erreur ou par hasard, mon ânier en choisit une autre, sans doute parce que c'était la plus courte. Cette course à travers le désert ne manquait pas de charme, on aurait pensé se mouvoir dans le lit d'un fleuve sans eau et où les pierres et cailloux seuls étaient restés.

Nous avions à passer par l'ancien cimetière, où se trouvent bon nombre de stèles, de tombeaux avec coupoles, sans parler des ruines de quelques anciennes mosquées. On dit ce désert peuplé de hyènes, de chacals et de gazelles, mais ceux de nos compagnons qui sont chasseurs essayèrent en vain, le lendemain matin à trois heures, de rapporter des trophées de leur expédition cynégétique.

La plus forte chaleur de la journée une fois passée, je pris, avec trois autres de nos compagnons, un canot et me fis conduire à l'île d'Éléphantine. Une ceinture de palmiers et d'acacias entoure cette charmante petite île d'où l'on a une vue surprenante sur les cataractes, sur les îlots et les blocs qui sont entassés à leur base. Le coup d'œil que l'on a de cette île, placée au milieu du fleuve, sur ses deux rives, au moment où les derniers rayons du soleil se brisent contre les rochers brunis et les blocs de granit, est d'une beauté incomparable. Ajoutez à cela la reproduction de cette image dans l'eau limpide du Nil, les cris et les chants joyeux des Arabes qui mènent notre barque, et vous pourrez vous former approximativement une idée de la beauté de ce tableau, qu'il m'est difficile de même esquisser et pour lequel il faudrait une plume plus poétique que la mienne.

Tandis que nos compagnons de voyage des autres bateaux allaient visiter le lendemain, 5 novembre, l'île de Philae, il nous restait une journée entière que nous pouvions occuper chacun selon son bon plaisir, puisqu'il avait été convenu que le retour devait avoir lieu simultanément.

Pendant que l'on faisait des plans sur l'emploi du temps, je mis le mien à profit pour me rendre seul auprès du marchand de plumes de l'avant-veille. Je le trouvai plus abordable, peut-être par la raison que j'arrivais seul, peut-être aussi parce qu'il avait vu que les étrangers n'étaient pas résolus d'acheter à tout prix les plumes d'autruche qu'il débitait. Je parvins à m'en procurer à des conditions assez raisonnables, car à mon retour sur le bateau je fus complimenté et sur le choix et sur le prix.

Une courte promenade dans les environs, non pas à cheval, mais perché sur un chameau, me fit comprendre les raisons pour lesquelles ce quadrupède est si justement apprécié par les habitants du désert. Le cavalier montant un chameau a quelques précautions à prendre. Ainsi, il doit bien se tenir sur ses gardes lorsque l'animal se relève pour commencer sa course, et puis quand il se courbe pour faire redescendre son cavalier. Prévenu et instruit de la manière dont je devais me tenir pour ne pas être lancé soit en avant, soit en arrière de l'animal, je pouvais sans aucune crainte me livrer à cet exercice, que je désirais essayer depuis bien longtemps.

Assouan devait encore me présenter un spectacle digne d'intérêt pour un Européen.

Me promenant dans la ville, après être rentré de ma course à chameau, je rencontre M. G..., qui me fit observer qu'à une très faible distance de l'endroit où je me trouvais, je rencontrerais, dans une rue latérale, une foule de personnes réunies devant une maison mortuaire. Je me dirigeai de ce côté, et j'appris que cette foule était rassemblée devant la maison d'une femme décédée pendant la nuit. Un nombre considérable de femmes chantaient des mélodies lugubres mêlées de pleurs et de hurlements.

Voici les usages que les musulmans observent au moment du décès d'un de leurs frères : Immédiatement après qu'il a rendu le dernier soupir, on place l'Arabe tout déshabillé sur un tapis, natte ou planche, en le recouvrant d'un drap. Vient ensuite l'ablution qui se fait en passant un linge trois, cinq ou sept fois sur le corps du défunt. A la dernière fois, il est aromatisé avec du camphre. Cette cérémonie terminée, on met une chemise au défunt, on le coiffe d'un turban ; — si c'est une femme, on lui couvre la tête et le visage d'un voile. — L'inhumation a toujours lieu le même jour, ou bien le jour suivant si le décès est arrivé pendant la nuit. Le corps, placé sur un brancard, recouvert d'une pièce d'étoffe, est porté par des amis. Les parents et amis accompagnent silencieusement le défunt à la mosquée, où l'on récite des prières ; ensuite le cortége prend la direction du cimetière. Après avoir déposé le cadavre sur le bord de la fosse, on récite encore une prière funèbre, après laquelle le mort est déposé dans la fosse tout habillé, la tête tournée du côté de la mosquée. Le corps repose dans la partie intérieure de la fosse, d'une profondeur d'un mètre et demi, établie en forme de construction murée. Cette construction est immédiatement recouverte de tuiles ou pierres plates. La fosse comblée par les assistants, chacun s'en va.

Les riches font élever un tumulus qui se compose assez ordinairement de deux pierres placées verticalement, s'appuyant l'une sur l'autre, et sur lesquelles on fait graver la profession de foi : « Il n'y a pas d'autre Dieu que Dieu : Mahomet est l'envoyé de Dieu, » le nom du défunt, son âge, l'année de sa mort et des invocations devant appeler sur lui la miséricorde divine.

D'après les croyances musulmanes, le défunt qui vient d'être enterré est soumis à un interrogatoire par deux anges appelés Mounkir et Nakir, qui ont pour mission d'inspecter les tombeaux. Ils font revenir le défunt à la vie, et lui adressent les questions suivantes : « Quel est ton Dieu? ta religion? ton prophète? » Ils l'interrogent ensuite sur ses actions, et, d'après ses réponses, l'envoient au ciel ou en enfer.

Le marché d'esclaves, qui était autrefois organisé à Assouan sur une très grande échelle, n'existe plus ; et, s'il faut en croire les indigènes, il serait aboli depuis longtemps. Je suppose cependant qu'à Assouan, lorsque des caravanes arrivent du Soudan, il se fait encore un trafic clandestin, surtout de jeunes filles, et cela pour grossir le chiffre des habitantes du harem des pachas, mais je ne puis répéter que ce que j'ai appris, c'est-à-dire que cette vente est illicite et n'est pas tolérée par le gouvernement.

Pendant toute la durée de notre voyage sur le Nil, l'état de ma santé a été parfait, ce que je dois attribuer, d'un côté, aux précautions que j'avais prises, me conformant aux règles générales, et sans doute aussi parce que j'avais payé par anticipation mon tribut au Caire. Une grande partie des invités avaient été, à tour de rôle, atteints d'indispositions qui augmentaient à mesure que nous approchions des tropiques et que la chaleur devenait plus intense. M. O. de K..., capitaine suédois, malade depuis notre embarquement à Marseille, n'avait pas recouvré la santé sur le *Ferus*. Il était dans un tel état qu'il n'a pu prendre part à aucune excursion. Son voyage dans la Haute-Égypte n'a été qu'une série continuelle de consultations de médecins.

Le docteur Veit, notre charmant compatriote, qui se trouvait à bord de notre dahabieh, était le seul médecin du bateau des Allemands, et pouvait facilement, la plupart du temps, se croire en plein exercice de ses fonctions. Car là on réclamait ses bons services pour parer aux symptômes d'une ophthalmie; là, pour combattre l'effet d'une insolation : à un autre endroit, pour donner un calmant contre des éruptions de l'épiderme (appelées les boutons du Nil) ou, enfin, pour arrêter une dyssenterie, etc., etc.

M. Veit, qui avait dans ses bagages une petite pharmacie, a été notre providence pendant tout le cours de ce voyage. Rien que la pensée d'avoir parmi nous un praticien aussi habile que dévoué, éloignait les appréhensions et peut-être aussi le mal. C'est donc de ma part un acte de justice que de payer au conseiller Veit, au nom de tous nos compagnons du *Ferus*, le juste tribut d'éloges mérités par son dévouement infatigable.

Il était décidé que nous devions commencer notre voyage de retour le 6 novembre. Arrivés à Assouan, Philae et Éléphantine, nous étions à la limite du royaume d'Égypte. J'avoue que, s'il avait dépendu de moi, j'aurais volontiers continué le voyage jusqu'à Wadi-Halfa, mais notre temps était limité, et il nous restait encore plusieurs points remarquables à visiter à notre retour. Mais, d'autre part, beaucoup de nos compagnons, et surtout ceux qui, dans les derniers temps, étaient souffrants et ne pouvaient pas supporter avec facilité cette chaleur continuelle, aspiraient à entreprendre le voyage de retour. Le moment était arrivé, car dès le lendemain matin nous nous mettions en route pour le Caire. Nous prîmes un dernier repas à Assouan ; il fut arrêté d'un commun accord que tous les invités du Khédive, ayant pris part à l'expédition de la Haute-Égypte, se réuniraient dans un banquet commémoratif à Paris le 20 janvier prochain, pour se retrouver et causer de ce mémorable voyage. Cette proposition fut accueillie chaleureusement, et tous promirent de répondre à l'appel de l'amitié.

Le banquet a eu lieu à Paris le jour convenu. Les Allemands se sont réunis le jour même à Berlin. Je ne crois pouvoir mieux faire que de reproduire ici l'article publié par notre ami et compagnon de voyage, M. Yung, dans le *Journal des Débats* :

« Jeudi soir, 20 janvier, les invités du Khédive qui ont fait ensemble le voyage de la Haute-Égypte se sont réunis en un banquet commémoratif. Ils en avaient pris l'engagement le 6 novembre dans l'île de Philae, à quelques lieues du tropique, en déjeunant dans la cour du grand temple, prévoyant bien qu'après leur retour en Europe ils éprouveraient le besoin de se revoir, de se donner mutuellement de leurs nouvelles et de se fournir de leur bonne santé la plus incontestable des preuves, en prenant une part active à un bon dîner. Entre ce déjeuner de Philae, sur lequel régnait une température de 40 degrés, et ce banquet chez Brébant, où l'on se rendait par une température de quelques degrés au-dessous de zéro, que le lieu, que les temps étaient changés ! Ce qui n'était pas changé, c'était le nombre des assistants ; bien peu manquaient au rendez-vous ; ce qui n'avait pas gelé, c'était l'affection réciproque. On avait la joie, en arrivant, de retrouver cinquante amis d'un seul coup, et de ne pas suffire aux mains qui se tendaient de tous côtés pour serrer les vôtres. Tous exprimaient leur étonnement d'avoir pu vivre six semaines sans se voir, après s'être vus du matin au soir pendant deux mois.

« Le télégraphe n'a pas chômé pendant ce banquet. Ce fut d'abord une dépêche des Allemands qui ont fait le voyage avec nous ; ils se réunissaient à Berlin ce jour-là, comme nous à Paris, et, avant de se mettre à table, nous envoyaient, disaient-ils, un salut « pyra-« midal. » Nous répliquons par une dépêche qui les a trouvés sans doute au dessert. Puis, par la même voie, mais dans une direction opposée, nous adressons un nouveau témoignage de notre gratitude à S. A. le Khédive et à Nubar-Pacha. Pendant ce temps, arrivent des télégrammes particuliers expédiés par quelques absents qui, se trouvant éloignés de Paris, s'unissent de cœur, à travers l'espace, à leurs anciens compagnons.

« Parmi les convives, il en est qui étaient venus tout exprès des extrémités de l'Europe ; ainsi le capitaine Oscar de Knorring, qui représentait les Suédois et M. Palau, qui représentait les Espagnols. Les Allemands étaient représentés par M. Taglioni, attaché à l'ambassade de Prusse. La présidence a été déférée à M. Balard, de l'Institut, doyen d'âge. Il avait à sa droite M. Charles Edmond, qui avait été chargé par le Khédive de dresser la liste des invitations, et à qui chacun de nous doit, par conséquent, une reconnaissance particulière pour avoir été personnellement désigné par lui au choix de Son Altesse.

« Les toasts n'ont pas plus manqué que les télégrammes. M. Balard a bu au Khédive, qui nous a donné l'occasion de nous connaître et de nous attacher les uns aux autres par des liens de profonde estime et de sympathique cordialité. M. le capitaine de Knorring a bu à la France, qu'il aime d'un amour véritablement enthousiaste ; M. Broca a bu à la Suède. M. Palau, qui garde sa verve humoristique sous les climats les plus différents, a bu « à sa propre santé, » attendu, dit-il, qu'il a failli périr dans un accident de chemin de fer, en accourant du midi de l'Europe pour assister à ce banquet. Du reste, il apportait les compliments chaleureux de ses compatriotes. On a porté aussi un toast aux Allemands, auquel M. Taglioni a répondu, M. Berthelot a bu à M. Charles Edmond, M. Wurtz à MM. d'Alméïda et Gérôme, qui s'étaient chargés d'organiser le banquet et s'en étaient acquittés à notre satisfaction, en ne nous faisant pas déroger aux habitudes que nous a données la magnifique hospitalité du Vice-Roi. »

CHAPITRE VIII

VOYAGE SUR LE NIL

TROISIÈME PARTIE

Le retour d'Assouan à Boulaq

Le cours du Nil. — Retour à Louqsor et à Kenneh. — Foire arabe. — Fête d'un saint. — Girgeh, église copte chrétienne. — Le temple d'Abydos. — Hospitalité arabe. — Une voyageuse dans un sac. — École à Siout. — Le village de Beni-Hassan et ses habitants. — Mendicité. — Gizeh. — L'architecture des pyramides. — Les pyramides de Chéops et de Chéphren. — Le Sphinx. — Départ pour le Caire.

En quitttant Assouan, Philae et Éléphantine, en un mot, la frontière de la Nubie, pour suivre en marchant avec le courant du Nil la route que nous avions prise en venant, nous espérions que les flots du Nil seraient rentrés dans leur lit, et nous permettraient d'admirer les points de vue et sites qu'il ne nous avait pas été possible de visiter en montant. Il ne me semble donc pas hors de propos de donner maintenant, en quelques mots, une description de ce fleuve qui, à lui seul, procure la vie et le mouvement à tout ce pays.

En effet, comme il n'y pleut jamais, que deviendrait l'Égypte s'il lui manquait l'eau de ce beau fleuve? Ce serait la désolation et la ruine; bien plus, ce serait l'anéantissement complet de l'Égypte.

Près de l'île de Philae, le lit du Nil se rétrécit, resserré par des chaînes de collines arides qui s'élèvent à une hauteur de 250 à 300 mètres, et dont l'aspect sombre n'est varié que par des murailles de rochers d'où des minarets gracieux et pittoresques se détachent. C'est là que l'on peut apercevoir au milieu du fleuve la charmante île d'Osiris dont les colonnades, les obélisques et les temples, entourés d'une ceinture verdoyante de palmiers majestueux, s'élèvent dans l'azur du ciel. Le silence paisible qui règne dans ces lieux n'est interrompu que par le murmure lointain des cataractes d'Assouan.

Dès son entrée en Égypte, près de l'île d'Éléphantine, le fleuve change d'aspect. De plus en plus le désert recule des deux côtés, et fait place à une plaine fertile dont la largeur varie de 3 à 15 kilomètres. Une fois seulement cette plaine est interrompue par les sables qui se rapprochent des bords du Nil, près de la porte naturelle de Gebel-Silsileh et des carrières d'où furent tirés, comme je l'ai indiqué dans un précédent chapitre, les matériaux qui ont servi pour les vastes bâtiments de l'ancienne ville de Thèbes. Sorti de là, le fleuve devient libre de continuer son cours vers la mer. Un peu au-dessous de Silsileh, le grès, qui se trouve partout sur les bords du Nil, depuis son origine, disparaît et se trouve remplacé par la pierre calcaire, dont la blancheur relève encore davantage la teinte blanche du désert. Le Nil préfère en général le côté oriental de la vallée, où le plateau du désert paraît plus élevé et plus escarpé que de l'autre côté. Quelquefois, dans l'Égypte centrale et dans la Basse-Égypte, ses ondes arrosent des rochers qui s'élèvent verticalement à une hauteur de 200 à 300 mètres sur le bord arabe, tandis que la pente du bord libyen, à l'exception de quelques endroits près de Thèbes, et plus en amont, est peut-être de 100 à 150 mètres. La vallée même du fleuve, rehaussée par les couches de vase que le Nil n'a cessé d'y déposer pendant tant de siècles, forme une plaine parfaite, interrompue seulement par les vastes ruines des villes anciennes sur lesquelles les habitants actuels du pays ont construit leurs misérables huttes. Des groupes nombreux de palmiers sont dispersés au milieu de ces villes et villages ; de vastes champs cultivés où abondent le dourrah, le froment, la canne à sucre, auxquels il faut joindre les prairies, recouvrent d'un tapis d'émeraude ce sol calciné où ne pousse aucun brin d'herbe, aucune fleur, sans le secours de la main de l'homme. Sur les bords plats du fleuve, élevés de 1 à 3 mètres au-dessus du niveau le plus bas de l'eau, il ne se trouve nul vestige de roseaux ou de plantes aquatiques. On n'y voit que les instruments que les pauvres fellahs font mouvoir infatigablement pendant le jour et la nuit pour arroser ces campagnes arides. Mais l'aspect de la plaine change à mesure que le fleuve s'accroît. Où jadis s'étendaient des champs couverts de blés magnifiques, on voit aujourd'hui le sol stérile, déchiré ou fendu en mille endroits par le soleil brûlant, attendant la charrue et son robuste conducteur.

Enfin, voici les flots qui croissent, qui débordent et remplissent cette vaste vallée dont ils font un lac immense. Comme des îles nombreuses, on voit sur différents points surgir des villes et des villages. Les palmiers balancent leurs têtes gracieuses au-dessus de ces eaux bienfaisantes ; des digues formant un réseau de lignes, croisent en tous sens ce miroir luisant, et sont les seules voies de communication entre les villes et villages, entre le courant invisible du fleuve et les bords du désert. Là où la vallée fertile s'approche du fleuve, elle lutte contre les masses écrasantes du sable, et il se forme une bande de terre que l'inondation n'atteint pas, et où des joncs et des herbes épars donnent une nourriture assez maigre aux troupeaux des Bédouins qui viennent y planter leurs tentes nomades.

A quelques kilomètres au-dessous de la ville actuelle de Kenneh, la vallée du Nil commence à s'élargir considérablement. Sorti de la vallée pittoresque au fond de laquelle s'étendent les ruines gigantesques de Thèbes, le fleuve côtoie presque toujours le pied des chaînes de montagnes qui s'élèvent du côté de l'Arabie, tandis que, à l'opposé, vers l'ouest, le Bahr Joussouff, bras naturel ou artificiel du courant principal, s'élance le long de la lisière du désert libyen, apparemment destiné à défendre les campagnes fertiles contre les attaques toujours répétées des masses sablonneuses. Il y a une seule ouverture dans ce mur établi par le désert. Au-dessus de Memphis, dans l'Égypte inférieure, une porte étroite admet les ondes fertilisantes dans les solitudes arides, formant ainsi la péninsule du Fayoum, considérée depuis les temps les plus reculés comme le jardin de l'Égypte.

Un peu au-dessous du Caire s'arrêtent subitement les hauts rochers du Mokattam, et le désert de Libye, en abandonnant aussi le fleuve, lui permet d'étendre son lit à volonté. Près du « Batn-el-Bagger » son cours se divise, et il va traverser en beaucoup de bras la plaine immense du Delta. De ses flots languissants il remplit plusieurs vastes bassins, tels que le lac de Maréotis, de Menzaleh, etc., etc., avant de mêler les eaux douces de ses bras principaux aux ondes salées de la mer.

Nous n'avions plus, pour retourner au Caire, à lutter contre le courant du fleuve. Lancé à toute vapeur, notre excellent bateau, parti d'Assouan le samedi 6 novembre, de grand matin, nous déposait le même jour à Louqsor, au coucher du soleil.

Le *Ferus* se trouvant en avance de plusieurs heures, nous pouvions donc rester pendant quelque temps à Louqsor. Il fut alors décidé que nous ne quitterions cet endroit que vers midi le lendemain (le 7 novembre). Le temps qui nous restait fut employé de notre mieux. Une partie d'entre nous se rendit sur la rive gauche du

Nil pour tâcher d'arriver maintenant jusqu'aux Colosses. Deux de mes amis seulement réussirent à atteindre ce but. MM. Hübner et den Tex s'étant munis de caleçons de bain, nagèrent à travers les flots du Nil qui inondaient encore ce paysage et venaient se briser aux pieds des Colosses.

Quant à moi, craignant de voir se renouveler les fatigues de la journée du 31 octobre, et me souvenant de l'ascension du Gebel-el-Bachri, je préférai consacrer les quelques heures de loisir qui nous étaient accordées à faire une seconde excursion au temple de Karnak. J'avais retrouvé une bonne monture et, en compagnie de MM. de Moeller et Cavallier de Lourmarin, je fis une course charmante à travers ce pays ravissant. Revoir un monument dans ses détails quand on l'a déjà examiné soigneusement, est d'un grand avantage ; aussi puis-je dire qu'une seconde visite au temple de Karnak m'a entièrement renseigné sur les constructions grandioses dont j'ai donné une description détaillée dans un des chapitres précédents de mon récit.

Partis de Louqsor à onze heures du matin, nous arrivâmes à Kenneh le même jour, vers quatre heures du soir. Pendant notre trajet nous avons eu sous nos yeux un bien singulier phénomène : il y avait des nuages visibles au ciel. D'après le dire de personnes qui peuvent parler avec connaissance de cause, comme ayant fait un séjour de plusieurs années dans ces pays, telles que MM. Lepsius, Erbkam et Dümichen, jamais fait pareil n'était arrivé. Quelques heures plus tard les nuages avaient disparu et le soleil nous dardait de ses rayons accablants.

Nous voici pour la troisième fois à Kenneh. A moins d'être dépourvu de tout esprit d'observation, nous devions un peu connaître cette ville. Cependant cette fois elle avait un aspect différent de celui que je lui avais reconnu à mes deux visites précédentes. Il y avait foire. Les bazars et les rues avoisinantes regorgeaient d'Arabes de toutes les nuances. Négrillons, improvisateurs, acrobates ambulants qui divertissaient la foule, en mangeant du feu, des cailloux et autres objets d'une digestion aussi peu facile, se disputaient la place et surtout les bakchiches des personnes qui regardaient attentivement les tours de force qu'ils exécutaient. Des roulettes se trouvaient établies çà et là, où on pouvait tenter la fortune et gagner un objet plus ou moins utile. A côté, on pouvait admirer des charmeurs et des charmeuses de serpents qui égayaient la multitude par l'adresse avec laquelle ils savaient éviter l'approche de la tête de ces reptiles. Les almées, comme je l'ai dit plus haut, sont très nombreuses, peut-être trop nombreuses à Kenneh. Aussi les voyait-on partout au milieu de ces groupes. Et beaucoup de nos compagnons de voyage, aussi bien que les Nubiens ou Arabes qui n'étaient venus que pour admirer les tours de force des acrobates, trouvaient ces tours très peu récréatifs et les dédaignaient pour admirer les yeux de gazelle et le joli minois de ces charmantes almées.

A la tombée de la nuit nous fîmes une promenade le long du canal, qui nous conduisit du côté Est de la ville. Pour arriver au but de notre promenade, nous avions à traverser un pont en pierres que toutes les caravanes se rendant à Kossono ont à franchir. On nous avait dit qu'on célébrait ce soir la fête commémorative d'un saint mahométan qui se trouve enterré dans un mausolée du cimetière. On voyait établi sur la grande place, entourée de sycomores touffus, un véritable camp, formé par des tentes, des baraques de tout genre, dans lesquelles on débitait des rafraîchissements aux sons d'une fantaisie musicale sauvage et déréglée. Ce camp, formé de tentes, servait à abriter la foule des croyants qui étaient venus, fort nombreux, pour prier au tombeau du saint.

Le sépulcre se trouvait dans une construction quadrangulaire ornée d'une coupole. Au centre de l'édifice, et justement au-dessous de la coupole, est placé le sarcophage richement ornementé, éclairé par une lueur très vive. Une balustrade, dont les colonnes en pierre étaient reliées par un treillage en bois, entouraient le sarcophage; elle était pareillement de forme quadrangulaire, mais en face de la porte d'entrée cette balustrade avait une petite sinuosité qui contenait le sarcophage du fils du saint défunt.

L'intérieur de cet édifice était rempli par des croyants qui adressaient des prières ferventes à Dieu et qui ne semblaient pas par trop satisfaits de notre visite inattendue. La présence des kawass du gouvernement, qui nous accompagnaient, nous épargna probablement une démonstration fâcheuse que les fidèles n'auraient certainement pas manqué de faire contre nous.

En quittant le mausolée, nous vîmes sur la place qui l'entoure un grand nombre de derviches, et peut-être d'autres croyants aussi, qui, agenouillés, formaient un cercle très étendu. Peu de temps après, ils commencèrent une danse presque entièrement pareille à celle dont j'ai donné la description dans le chapitre IV. Comme celle-là, elle était exécutée aux sons rhythmiques d'une musique toute locale. Il y avait un intérêt véritable à assister à cette musique et à cette danse religieuses, qui font une partie essentielle du culte mahométan, et qui, en cette occasion, avaient lieu pour célébrer la fête d'un saint.

Nous quittâmes Kenneh le 8 novembre, à six heures du matin, en constatant que plus nous approchions du nord, plus les matinées et soirées devenaient fraîches.

Contrairement aux indications contenues dans notre itinéraire, nous ne nous sommes pas arrêtés à Belianeh. C'est pourtant de cette localité que part le chemin le plus direct pour se rendre à Abydos. Mais comme les digues se trouvaient rompues, toujours à la suite de l'inondation, il fallait continuer notre voyage jusqu'à Girgeh, pour faire de cette ville l'excursion projetée aux intéressantes ruines d'Abydos.

Arrivé à Girgeh, Tonino-Bey dut s'enquérir d'abord auprès du Moudir, de l'état des voies de communications. Il fallut installer de grands chalands pour faire traverser les hommes et les montures aux endroits où les digues étaient rompues, et pourvoir au personnel nécessaire au maniement de ces barques.

Abydos est assez éloigné de Girgeh; il faut, avec un bon baudet, quatre heures et demie pour y arriver. Le soleil se couchant à six heures, il était impossible de songer à faire cette course ce soir. Malgré l'exposé de la situation de la part de Tonino-Bey, exposé qui nous semblait fort clair et rationnel, il se trouva pourtant dans la société de notre navire trois voyageurs qui, ayant l'habitude de faire bande à part, ou qui, stimulés par le désir immodéré de faire parler d'eux, se décidèrent à se rendre encore dans la soirée du 8 à Abydos, d'y coucher dans le temple et de revenir le lendemain. On aurait compris cet empressement si Abydos n'avait pas dû être visitée par toute la société dès le lendemain ; mais il nous fut difficile de saisir les motifs qui portaient ainsi nos compagnons à s'exposer à de véritables dangers, dans l'unique but de se singulariser.

Girgeh, l'ancienne capitale de la Haute-Égypte, est une petite ville fort gentille et bien tenue, avec bon nombre de mosquées et de minarets élancés. On s'aperçoit cependant tout de suite que le commerce s'est dirigé sur un autre point du pays, et que les habitants de cette ancienne ville si réputée ne vivent presque plus que d'agriculture.

Parmi les choses les plus remarquables de Girgeh, il faut citer, en première ligne, une église copte chrétienne. Je m'y suis rendu en société de MM. Stephan et Rümker. Le curé nous reçut de son mieux et semblait très heureux de nous montrer, tant l'intérieur de sa petite église, que son logement. Il est Florentin, ne parle que l'italien et un peu l'arabe qu'il a appris depuis son séjour dans ce pays.

Le temple d'Abydos, se trouvant à une distance de 28 kilomètres de Girgeh, il fallait, pour faire cette excursion en une journée, se mettre en route dès cinq heures et demie du matin.

Nous étions donc tous, le 9 novembre, de très bonne heure sur pied. Une cloche et des coups de tam-tam nous avaient éveillés. Il faisait à peine jour lorsque nous montâmes sur nos ânes. Heureusement que j'avais ce jour-là une excellente monture; car, comme il s'agissait de faire une promenade de neuf heures en tout, il était plus que jamais essentiel d'être muni d'un « *bon boudi.* »

C'était un coup d'œil charmant que de voir le lever du soleil, au moment où cet astre lance ses premiers rayons sur les plaines si fertiles et si riches qui avoisinent le Nil, et qui naguère encore ressemblaient à une mer. Le cultivateur profite du petit jour pour se mettre à son travail pénible, afin de ne pas s'exposer pendant les chaleurs les plus fortes à son rude labeur. Nous vîmes partout où nous passions des hommes occupés à travailler, car le chemin conduisant à Abydos nous menait à travers de longues prairies, des champs de dourrah, des villages ombragés par des palmiers, et le long d'un canal sur lequel se trouvent établis des bacs d'une construction assez originale. Qu'on se représente une espèce de herse carrée en bois. Dans les ouvertures formées par les liteaux croisés se trouvaient adaptés des vases en terre cuite, ressemblant à de grandes cruches. Le goulot était tourné vers le haut et maintenu de façon à ce que l'eau n'y pût pénétrer.

Chemin faisant nous eûmes encore à traverser plusieurs digues qui avaient été rompues par la violence du fleuve. Partout où ces accidents s'étaient produits, il y avait de grandes barques destinées à franchir la partie de notre chaussée envahie par l'eau.

Il y a non-seulement un intérêt de curiosité à satisfaire, mais encore on peut augmenter ses connaissances sur l'agriculture, en examinant la manière dont les Arabes cultivent leurs champs immédiatement après l'inondation. En beaucoup d'endroits, les eaux recouvraient encore le sol et empêchaient tout travail. Mais à mesure que l'eau se retire, les fellahs s'avancent pour procéder aussitôt à la culture. Ils s'élancent sur les petits îlots qui sortent de l'eau, et de là ils gagnent le terrain que l'eau a abandonné, pour l'ensemencer. Les grains jetés dans la vase s'enfoncent d'eux-mêmes et on voit plus tard éclore, de ces germes lancés au hasard, des prés d'une richesse sans pareille. Rarement le cultivateur a besoin d'avoir recours au labourage, et lorsque cela devient parfois nécessaire, l'Arabe se sert d'instruments aratoires aussi primitifs qu'aux temps les plus reculés.

Après avoir traversé ce pays de culture, nous entrons dans une vallée de sable mouvant, que le vent soulève en longues spirales, et nous arrivons aux temples d'Abydos, situés au pied de la chaîne libyque.

Les deux temples d'Abydos, dont les ruines sont des plus grandioses et des plus merveilleuses, datent du temps d'Osiris et de son fils Ramsès-le-Grand. Les ruines les plus intéressantes d'Abydos sont celles de Kom-ès-Sultan, car c'est là que se trouve le tombeau d'Osiris. Beaucoup d'Égyptiens, riches et puissants, tenaient à être ensevelis dans le voisinage de l'endroit où le corps de leur dieu reposait. Cette seule remarque peut nous donner l'explication de l'importance et de l'influence d'Abydos dans les temps anciens. Les fouilles ont prouvé ces faits. On a découvert beaucoup de stèles et d'inscriptions, qui constatent que les personnes qui s'y trouvent inhumées sont arrivées de bien loin pour reposer à côté d'Osiris. Les sépulcres remontent aux temps les plus reculés et datent des seizième et dix-septième dynasties.

Les édifices, construits par Osiris et achevés par Ramsès-le-Grand, diffèrent de beaucoup des autres temples. L'un des deux grands temples s'appelait, d'après Strabon, le palais de Memnon. Il est surtout intéressant par le style de sa toiture, et unique dans son genre en Égypte. Ce toit se compose d'énormes blocs de pierre, qui s'étendent d'une architrave à l'autre; ce genre de toiture s'écarte de la règle ordinaire des constructions égyptiennes, en ce que les blocs de pierre ne sont pas placés sur champ, mais sur côté, de sorte que le toit avait obtenu une tell' force, que l'on en pouvait, à l'aide de ciseaux, faire plus tard des voûtes, sans porter la moindre atteinte à sa solidité.

Le tout était recouvert de sculptures et d'hiéroglyphes; au plafond se trouvent les noms et les cartouches renfermant les titres des rois, entourés d'étoiles et d'arabesques symboliques. Les chapiteaux des colonnes sont de l'ordre du lotus, d'autres du papyrus. Le toit est en grès, provenant, selon toute probabilité, des carrières de Gebel-Silsileh. On peut, dans un corridor latéral, apercevoir une table des rois, la seule sur laquelle se trouvent, dans des cartouches, tous les noms des rois d'Égypte. Cette table a été publiée en premier lieu, il y a quelques années, par notre compagnon de voyage, M. Dümichen. Le roi Osiris se trouve à côté de cette table généalogique, et la présente à son fils pour lui rappeler la gloire de ses ancêtres.

On était occupé à déblayer encore d'autres ruines très intéressantes. Mais quels ne furent pas notre désappointement et la consternation des savants et égyptologues faisant partie de notre expédition, en trouvant les abords de ces temples entourés d'une muraille de briques infranchissable! Il n'y avait pas à en douter, c'était sur l'ordre de Mariette-Bey que l'accès de cette partie des temples avait été rendu impossible. Le directeur général des fouilles et des musées égyptiens avait tremblé devant l'œil investigateur des savants allemands, curieux observateurs et examinateurs des inscriptions, comme dit à peu près Molière dans les *Fâcheux*. Mariette-Bey voulait conserver pour lui seul la primeur de toutes les belles choses qu'il publiera sans doute un jour.

Après une course aussi longue, et après la fatigue occasionnée par la visite des temples d'Abydos, une sieste, quelque courte qu'elle fût, était des plus agréables. Cependant il ne fallait pas s'abandonner trop longtemps à ce *dolce farniente*, car il s'agissait de regagner le *Ferus*, et cela avant la tombée de la nuit.

Aussi ne fus-je pas un des derniers à aller rejoindre ma monture. A quelques détours près, je refis la même route que pour l'aller. J'avais pour compagnons de retour le baron de Korff et M. Tissier. A moitié chemin à peu près, nous nous arrêtâmes devant l'habitation d'un Arabe, qui semblait être un propriétaire très aisé. Il était couché devant la porte de sa demeure. Nous voyant arriver, il s'avança vers nous, en nous demandant si nous nous voulions reposer chez lui. A cette invitation aussi gracieuse qu'inattendue, nous descendîmes de nos montures dans le dessein d'accepter l'hospitalité qui nous était offerte. On sait que, chez les Arabes, l'hospitalité est un droit sacré; celui qui la refuserait ferait donc une grave injure au maître de la maison. Des esclaves apportèrent, sur un signe du maître, des tapis de Smyrne, qu'il fit étendre sur les dallages en marbre et granit devant sa maison, et de suite d'autres serviteurs vinrent nous offrir du café. J'avoue que j'ai eu rarement autant de plaisir à déguster l'essence de moka, que ce jour, et lorsque notre aimable hôte nous fit remplir de nouveau nos tasses, j'acceptai de grand cœur.

A mon tour, j'offris à notre amphitryon un cigare, qui fut naturellement accepté par lui avec les remercîments les plus expressifs; mais notre hôte roulait le cigare entre ses doigts, ne sachant pas trop comment s'en servir. L'ânier, voyant l'embarras dans lequel se trouvait son compatriote, heureux et fier en même temps de pouvoir montrer qu'il s'était frotté à la civilisation, depuis qu'il avait l'honneur de conduire les ânes des Européens, vint à son aide. Il enleva, d'un coup de dents si vigoureux, la pointe, que la robe du cigare s'enleva en même temps. Mais mon ânier était homme à expédients. Il fit signe, par un geste de la main, que ce n'était rien, et tirant la langue autant qu'il put, il y porta le cigare, le roula jusqu'à ce que les feuilles fussent recollées. Alors il l'alluma et l'offrit au propriétaire, qui demeura tout interdit. Néanmoins, semblant prendre goût au tabac de la Havane, il se leva, s'avança d'un pas solennel, se plaça devant moi, et, après avoir fait le salut de rigueur, vint me proposer de fumer à mon tour. C'était la plus grande marque d'hospitalité qu'il pût me donner, aussi n'eus-je garde de refuser; le plus difficile était de garder mon sérieux. Je lançai quelques bouffées de fumée en l'air, à la grande satisfaction de tous les assistants, et lui rendant son cigare, je lui témoignai ma reconnaissance. Lorsque nous nous fûmes suffisamment reposés, notre hôte nous aida à remonter sur nos baudets; il voulut même nous embrasser la main. Personne de nous ne se sentant assez grand seigneur pour recevoir de semblables démonstrations de respect, nous refusâmes. Notre hôte tenait du moins à nous accompagner jusqu'à la limite de sa propriété, ce que nous acceptâmes avec un véritable plaisir. Arrivés à cette limite, nous nous séparâmes de lui après un cordial échange de poignées de main. J'avoue que je garderai bien longtemps le meilleur souvenir de notre aimable hôte arabe.

La nuit commençait à tomber, et il fallait regagner le *Ferus*, traverser, à cet effet, des bacs, enfin, faire un chemin qui n'est pas facile à suivre. Nos baudets, la vraie providence de ce pays, firent merveille. Pendant une heure, sans discontinuer, ils ne quittèrent pas l'allure du grand trot. Souvent je craignais que mon âne ne me fît faire la culbute, ou bien qu'accablé de fatigue, il ne vînt à tomber sous moi, comme cela est arrivé à plusieurs de nos compagnons. Heureusement, tout s'est bien passé. Il était sept heures, et depuis longtemps déjà l'obscurité était complète, lorsque nous distinguâmes à l'horizon la lueur provenant des feux. Montrant du doigt cet endroit à mon Arabe, je lui demandai si c'était là le but de notre cavalcade ?
« Vapoura, vapoura ! » répondit-il, et ce mot répété me combla d'aise.

La patrie était sauvée! Au bout d'un petit quart d'heure, nous étions rendus. Mais j'avoue que cette journée m'avait atrocement fatigué; en revanche, elle avait été bonne et riche en résultats sous tous les rapports. Nos compagnons de voyage arrivèrent par petits groupes, les uns s'étant attardés en route, d'autres ayant fait des études prolongées au temple d'Abydos. Enfin nous étions tous au complet. A peine étions-nous rassurés sur nous-mêmes, que nous apprîmes que plusieurs voyageurs des autres bateaux n'avaient pas reparu. Aussitôt nous nous empressâmes de les faire rechercher. Il est bien rare qu'au milieu d'un danger réel, il ne se présente pas un côté risible ou grotesque.

Mme Louise Collet, en se rendant à Abydos, avait fort allègrement supporté les fatigues de la route. Hélas! si ce n'est le courage, les forces lui firent entièrement défaut au retour. Au beau milieu de la route, il y avait encore au moins deux heures et demie de chemin à faire, cette femme héroïque, peut-être pour la première fois, redevint une faible fille d'Ève. Elle déclara carrément qu'il lui était de toute impossibilité de continuer le voyage, soit à âne, soit à pied. Tonino-Bey avait beau l'encourager par les phrases les plus séduisantes, il ne parvenait pas à la faire changer d'opinion. C'est alors que le grand-maître de cérémonies du Khédive eut recours à un moyen fort ingénieux. Mme Louise Collet fut mise dans un sac et portée par des fellahs que des kawass avaient recrutés en route pour porter ce doux fardeau. Elle arriva ainsi à bord du vapeur *El Gizeh*, fier sans doute de l'avantage d'avoir à son bord le seul bas-bleu de notre expédition.

La nouvelle de la catastrophe arrivée à Mme Collet se répandit avec la rapidité de l'éclair. Il faut l'avouer à notre honte, en chevaliers peu courtois, Allemands, Suédois et voire même Français, nous entendîmes le récit de cette mise dans un sac, ainsi que du reste de l'aventure, avec de bruyants éclats de rire.

Le mercredi, 10 novembre, nous quittâmes Girgeh au petit jour, et lorsque nous nous trouvâmes réunis au premier déjeuner, à sept heures du matin, nous étions amarrés à Sohag pour faire du charbon. L'arrêt ne fut que de courte durée, et nous nous rendîmes directement à Siout, où nous devions passer le reste de la journée. En me promenant dans les rues de cette ville, je vins à passer avec trois de mes compagnons devant une école. Nous demandâmes l'autorisation de la visiter. Le directeur nous accueillit non-seulement avec empressement, mais nous conduisit lui-même dans les différentes classes et salles. Le bâtiment, entouré d'un beau jardin, est à deux étages, auxquels conduit un escalier spacieux. Les salles d'études sont installées à l'instar des écoles européennes, avec des chaires, des tableaux, cartes géographiques. Les dortoirs sont pourvus de lits en fer, etc., etc. Les élèves avaient une mise uniforme : une redingote noire à un seul rang de boutons ; ils portaient comme coiffure le tarbouche.

Revenu sur le *Ferus*, j'y trouvai tout le monde en gaîté. Le capitaine de Moeller marchandait un petit crocodile vivant, âgé d'un an environ. Il mesurait à peu près 80 centimètres de longueur. Comme toutes les espèces de la famille des lézards, il paraissait être paresseux et indolent. Cependant, un de nos compagnons s'étant avisé de lui chatouiller la tête pour l'émoustiller un peu, le jeune amphibie ouvrit et referma la gueule avec la rapidité de l'éclair. Les dents que nous vîmes briller étaient certainement assez fortes pour couper les cinq doigts du curieux, s'il n'avait retiré sa main à temps.

Ce petit timsah avait, par ce mouvement énergique, su se mettre en respect. A partir de ce moment, personne ne songea plus à le faire sortir de sa torpeur apparente.

Le baron Korff avait déjà fait acquisition à Kenneh

d'un magnifique timsah empaillé, de la taille de ceux que nous voyons exposés dans les musées d'histoire naturelle. Ce crocodile, parfaitement bien conservé, était attaché au-dessus de la cage de la roue de notre pyroscaphe. Nous avions donc deux timsahs à bord ; malheureusement le petit n'est pas allé plus loin que jusqu'à Alexandrie, tandis que l'autre est arrivé en bon état de conservation au lieu de sa destination.

Il n'est guère possible de remonter le Nil jusque vers les tropiques sans avoir aperçu quelques-uns de ces terribles amphibies, moins terribles pourtant qu'on ne se les représente.

Je dois, pour compléter mon récit, dire à mes lecteurs que le 28 octobre, nous avons de notre bateau aperçu toute une famille de crocodiles se reposant en plein soleil, sur un îlot du fleuve. Leur peau grisâtre les fait confondre facilement avec la couleur du sol ; aussi nous ne les aurions pas aperçus sans l'avertissement des gens de l'équipage. A peine eurent-ils entendu le bruit de notre vapeur qu'ils se plongèrent dans les eaux du fleuve en nous empêchant de satisfaire notre curiosité à leur égard.

Le départ de Siout eut lieu le lendemain, 11 novembre, de très bonne heure. Après avoir passé la jolie forêt de palmiers qui nous avait tant enchantés, lorsque nous l'avions vue pour la première fois, nous arrivâmes vers onze heures au village de Beni-Hassan.

Tout le monde était resté à bord, excepté deux ou trois d'entre nous qui prirent part à l'expédition faite par les voyageurs des autres bâtiments pour voir les grottes sépulcrales de Beni-Hassan. Cette excursion fut abandonnée sur la proposition de M. Lepsius, qui ne la jugeait pas nécessaire, surtout après que nous avions vu des tombeaux bien autrement importants et remarquables.

Je profitai du loisir d'à peu près deux heures, qui nous avait été accordé, pour monter à dos de baudet et faire avec M. de Moeller une course bien plus intéressante à mon point de vue. Parcourant dans tous ses détails le village de Beni-Hassan, nous avons pu nous former, aussi bien que possible, une idée d'un village arabe. Nous avons non-seulement parcouru toutes les ruelles, visité cours, maisonnettes, mais nous sommes encore entrés dans les habitations les plus mesquines et les taudis les plus misérables. Nous avons pu voir des familles entières accroupies autour des marmites, des enfants des deux sexes, et qui avaient souvent dépassé l'âge où on aurait pu leur donner le nom de bambins, entièrement nus.

Les poches pleines de bakchiches, nous en distribuions largement. C'était un véritable plaisir de voir garçons et filles, hommes et femmes, sauter pour attraper la piastre que nous lancions en l'air. Mais nous ne pouvions pas continuer pendant longtemps ce manége amusant, car bientôt nous eûmes tout le village à nos trousses qui nous poursuivait en criant à tue-tête : « Bakchiches, howaje ! »

Nous partîmes du village au grand galop pour rejoindre la berge où se trouvaient les bateaux à vapeur. Mais les Arabes, alléchés par les bakchiches, nous suivirent en sautant, criant et gambadant autour de nous. Nous ne pouvions guère manquer, avec une pareille escorte, d'exciter la curiosité de nos compagnons de voyage. Plusieurs d'entre eux ayant appris ce qui nous avait valu cette ovation, imitèrent notre générosité, et ce fut au milieu des cris de joie que nous quittâmes ce village. Malheureusement ces démonstrations sympathiques n'étaient pas désintéressées ; elles s'adressaient plutôt à nos bourses qu'à nos personnes. L'attraction de ces Arabes vers nos porte-monnaie était tellement grande qu'ils ne voulaient plus nous quitter, alors même que les coups de sifflet du *Ferus* avaient déjà retenti et que le bateau s'était mis en marche. Ils se jetèrent à la nage dans le Nil et nous accompagnèrent encore pendant près d'un quart d'heure, toujours en tendant la main vers nous et répétant leur expression favorite : « Bakchiches, howaje ! »

Souvent on se demande à quoi les Arabes emploient l'argent qu'ils mendient avec tant d'instances. Ils sont à peine vêtus, logés dans des huttes, et ne dépensent rien pour leur nourriture, qui ne consiste qu'en légumes, fruits, dourrah. Ils ne mangent presque pas de viande, ne boivent que de l'eau, et sont, en un mot, la sobriété personnifiée. La seule dépense qu'ils font consiste à s'acheter du tabac. Il est important aussi de remarquer que l'islam défend aux mahométans de placer de l'argent à intérêt. Le Coran le défend formellement, le passage suivant en fournit la preuve : « Ceux qui mangeront l'usure (l'intérêt de l'argent) ne se lèveront que comme des gens que Satan aurait accablés du joug des esprits infernaux. » C'est-à-dire qu'à la résurrection ils seront semblables à des épileptiques dans leurs accès et incapables de diriger leurs mouvements. Il serait difficile d'admettre, dans notre législation moderne, un article qui aurait quelque analogie avec le verset précité du Coran.

Le soir nous arrivions à Minieh, que nous quittions

le lendemain matin, 12 novembre. Quel ne fut pas notre étonnement lorsqu'en nous levant nous nous vîmes entourés d'un brouillard fort épais. Le brouillard est un phénomène tellement rare en Égypte que les capitaines, peu habitués à conduire leurs bateaux lorsqu'un fait pareil se produit, préférèrent stopper pendant quelque temps. Le soleil perça bientôt et dispersa la brume. Nous continuâmes par un temps magnifique notre route vers *Gizeh*, situé sur la rive gauche du Nil, en biais du Caire.

Nous jetâmes l'ancre à Gizeh après le coucher du soleil et à la seule lueur des étoiles qui brillaient au firmament. De loin nous apercevions les lueurs provenant de l'éclairage au gaz du Caire.

Après le dîner, nous fîmes une petite course à travers la ville, puis nous retournâmes de bonne heure à bord; car il s'agissait d'aller faire le lendemain matin la dernière grande excursion de notre voyage sur le Nil. Tout le monde désirait se livrer au repos de bonne heure, car au retour de notre visite aux pyramides nous devions débarquer à Boulaq.

Le samedi, 13 novembre, je me suis levé à trois heures et demie du matin. A quatre heures précises je me trouvais sur mon baudet, ayant fort à cœur de voir, des pyramides, avec plusieurs de mes compagnons, le lever du soleil. Le départ de cette cavalcade présentait un spectacle aussi curieux que pittoresque. Il faisait tellement sombre que, pour traverser les étroites ruelles de Gizeh, les quelques lanternes dont les âniers étaient munis se trouvèrent bien insuffisantes pour nous orienter. Les kawass furent obligés d'avoir recours aux indigènes qui nous mirent bientôt dans la bonne voie.

Ce ne fut pas sans peine que nous atteignîmes la grand'route; sa longueur, jusqu'au pied des pyramides, est à peu près de 4 kilomètres. En quittant Gizeh, nous n'étions pas plus de huit ou dix personnes. Mais, à mesure que nous avancions, notre troupe s'augmentait; elle était à chaque instant rejointe par de nouveaux arrivants, que nous ne pouvions voir, mais que nous reconnaissions à la voix. C'était alors des démonstrations, des épanchements d'amitié aussi chaleureux que si l'on ne s'était vu depuis des mois entiers.

La gracieuse Mme B..., qui, pendant notre voyage dans la Haute-Égypte, se trouvait à bord du *Beni-Souef*, faisait partie de cette cavalcade matinale; sa monture allait de si bon train, qu'elle devança et arriva une des premières au pied des pyramides.

Quoique ma monture ne fût, ce jour-là, pas aussi bonne que de coutume, et que j'eusse à me plaindre de mon ânier, qui m'avait abandonné pour exciter l'âne de mon compagnon, j'arrivai cependant encore à temps pour admirer ce coup d'œil d'une beauté aussi imposante que majestueuse, je veux dire le lever du soleil du haut des pyramides.

Ne pouvant faire l'ascension sur une des grandes pyramides, je me contentai de monter sur une des petites qui entourent les pyramides de Chéops et de Chéphren.

Les pyramides sont des tombeaux massifs pleins, sans fenêtre, sans portes ou ouvertures extérieures. Elles présentent l'enveloppe immense d'un noyau relativement imperceptible : une momie.

Les anciens Égyptiens accordaient à leurs morts un tel respect, que bientôt ils le transformèrent en culte. Ce culte ayant pour dogme fondamental la croyance à une existence future personnelle après la mort, sous la forme de la métempsycose, ne leur permettait pas de confier le corps inanimé d'un des leurs au sable mouvant du désert comme le font encore les Arabes de nos jours.

La vallée du Nil aurait été tout aussi défavorable à l'inhumation des corps des défunts, car le sol de cette contrée, exposé aux inondations annuelles, aurait accéléré la décomposition au lieu de l'arrêter. Il faut chercher dans cette raison le véritable motif pour lequel il ne restait aux anciens Égyptiens d'asile sûr pour conserver leurs morts, que de creuser des tombeaux dans les rochers du désert. Dans un vaste hémicycle, interrompu par des intervalles plus ou moins longs, les sépulcres des anciens Pharaons s'étendent depuis les premiers versants de la chaîne libyque jusqu'à l'intérieur du Delta, dans cette péninsule fertile, le Fayoum, qui forme une sorte d'oasis entre l'Égypte et le désert.

Les pyramides de Dachour et de Gizeh, les plus anciennes de toutes, ont seules conservé en général leurs formes originales. Là, les mains destructives de l'homme sont restées impuissantes, en face de ces monuments gigantesques, et ont à peine pu violer la couverture extérieure.

Dans les temps primitifs, le sarcophage semble avoir été la seule forme dont on se servait pour les tombeaux isolés, et il ne paraît pas impossible que la pyramide même ne soit que le développement de cette forme originale. Sans nul doute, le tombeau colossal de Dachour, appelé encore aujourd'hui Mustabat-el-Pharaoun, appartient à un roi. On chercherait en vain dans ces sarcophages gigantesques des chambres accessibles au-dessus du sol, de même que dans les pyramides, qui y ont succédé. C'est probablement l'adoption de cette chambre, qui marque l'introduction d'un arrangement plus systématique dans l'architecture sépulcrale des Égyptiens. En général, on trouve à cette époque deux espèces de sépulcres : ceux qu'on a érigés sur le sol aplani du désert, de blocs de pierre entassés en forme de colline, et ceux qu'on a creusés dans les côtés escarpés des rochers.

Toujours cependant la construction fait reconnaître le même principe fondamental. Les tombeaux du premier ordre, régulièrement rangés comme ceux de Gizeh, se groupent autour des pyramides de leurs divers souverains. Pour la plupart ils renferment une petite chambre au rez-de-chaussée, au-dessus de l'endroit où le corps avait été déposé. Dédiée au culte du défunt, cette chambre était ornée d'inscriptions et de figures allégoriques, et remplie d'offrandes que les survivants venaient offrir à la mémoire de leur ami décédé. Au travers de cette masse de pierre on descend dans l'intérieur du rocher par une galerie de 10 à 15 mètres de profondeur, au bout de laquelle se trouve une autre chambre grossièrement travaillée et qui plus souvent est entièrement dépourvue d'inscriptions. Elle était destinée à recevoir le corps. Dans les tombeaux pratiqués dans le rocher, ce puits ou galerie se trouve immédiatement au dedans de la grande chambre du rez-de-chaussée, rarement en arrière. Les changements que le progrès des siècles avait introduits, tant dans les relations des familles que dans les rites funéraires, déterminèrent les générations suivantes à augmenter le nombre des chambres, et même à construire des salles plus étendues, soutenues par des piliers, et destinées à recevoir des assemblées nombreuses. Sous les sixième et septième dysnasties on voit cet arrangement passer en usage, et même les petites chambres, divisées par des parois horizontales, deviennent le lieu où l'on dépose les momies. Les tombeaux, taillés dans le roc, ne laissent pas non plus d'étendre leurs dimensions, et un examen attentif de ces monuments nous fait reconnaître un développement graduel dans leur construction. Ce qui donne à ces derniers édifices un intérêt spécial pour l'architecture des anciens Égyptiens, c'est qu'ils sont à peu près les seuls monuments de l'ancien empire dans lesquels nous trouvions des formes différentes de colonnes.

Les chambres destinées à recevoir les sarcophages sont, dans les anciennes pyramides, des caveaux ou entièrement ou à moitié creusés dans le sol naturel ;

les parois du rocher sont revêtues de carreaux bien joints et soigneusement exécutés, le plafond est formé de pierres superposées en échelons, — construction la plus primitive, — ou de carreaux en granit, inclinés les uns contre les autres ou placés horizontalement. Les dimensions colossales de ces carreaux sont connues; dans la grande pyramide de Chéops, il s'en trouve qui ont 7 mètres de longueur, 2 mètres d'épaisseur et à peu près 1 mètre de largeur, et dont le poids est au moins de 20,000 kilogrammes; de sorte qu'on avait jugé nécessaire de construire un plafond sextuple, pour résister au poids de la pyramide reposant sur cette base. Dans l'arrangement de cette pyramide, il se trouve d'ailleurs un écart assez remarquable des principes traditionnels: c'est qu'on a installé des chambres pour recevoir le dépôt des sarcophages, dans la partie moyenne de l'édifice. Peut-être que les proportions colossales, que le Roi avait eues en vue, dès le commencement, pour la construction de son monument funéraire, lui firent venir l'idée d'ajouter à la galerie descendant à la chambre souterraine une voie latérale qui conduirait en haut, et de laisser la première chambre inachevée.

L'architecture des pyramides varie selon les matériaux qu'on y a employés. Il y en a qui sont entièrement composées de blocs de pierre calcaire, d'autres ont un noyau de briques en vase du Nil, séchées au soleil, avec un revêtement de pierre, ou, enfin, c'est la pierre qui forme un noyau qu'on a enveloppé d'un double manteau ; l'un présente une maçonnerie intérieure de tuiles, l'autre une couverture extérieure de matériaux massifs.

Après avoir parlé en général de l'origine de la construction des pyramides, revenons à la grande pyramide de Chéops, qui éveille l'admiration de tous les voyageurs.

Elle a 138 mètres de hauteur, et son cube est de 2,562,576 mètres. Le revêtement extérieur de ce colosse, qui avait bravé les ravages des temps, n'a pu résister à la main brutale de l'homme. Aujourd'hui, les blocs massifs, hauts d'un mètre, et grossièrement joints avec du mortier, se montrent à l'œil en forme de gradins. Pour monter au sommet, une foule d'Arabes se presse autour de vous, pour vous aider à accomplir cette fatigante ascension. Sur les quatre côtés des bases de la pyramide, nous voyons des lignes régulièrement rangées de tombeaux, qui dépassent à peine le niveau du sable dont le désert les a couverts. Et sur cette surface monotone on voit un sphinx gigantesque, la figure tournée du côté du levant, élevant sa tête mutilée au-dessus de ces étranges cimetières, dont il paraît être le gardien mystérieux. La tête seule a été sculptée, le corps est le rocher lui-même. La hauteur totale du monument est de 19 mètres 80 centimètres. La plus grande largeur de la figure, de face, à la hauteur des joues, est de 4 mètres 15 centimètres. Il est constaté, d'après les dernières découvertes, que le sphinx existait déjà quand Chéops (antérieur à Chéphren) ordonna les restaurations dont cette pierre a pour objet de consacrer le souvenir. Le sphinx est l'image colossale d'un dieu égyptien appelé *Armachis*.

Derrière le sphinx on peut voir, à travers une ouverture, la profondeur d'un tombeau creusé dans un rocher. Tout près du sphinx, il y a encore un autre édifice récemment déblayé et dont la construction bizarre remonte à l'âge des pyramides. C'est le type le plus primitif de la construction ; des blocs super et juxtaposés, sans aucune ornementation, sans nulle inscription qui pût donner une explication de sa destination.

On se demande si cette construction a servi jadis de temple ou de tombeau. Les deux versions trouvent des adhérents et des défenseurs, la dernière surtout, par la raison que l'emplacement où se trouvent les pyramides, le sphinx et l'édifice nouvellement déblayé, est l'ancienne nécropole de Memphis.

Après avoir déjeuné au pied des pyramides, nous détournons nos regards du désert, et nous nous dirigeons vers l'est.

Impossible d'imaginer un contraste plus saisissant. D'un côté le désert, le néant, tandis que de l'autre, nous voyons maintenant à la lueur du grand jour une plénitude de vie et d'animation merveilleuse. Un vaste tapis verdoyant se déroule à nos pieds, nous traversons des avenues de palmiers, de dattiers et de sycomores, enfin ce paysage fertile avoisinant le Nil est relevé par l'aspect pittoresque des villages ornés de coupoles et de minarets. De loin, nous voyons se dessiner à l'horizon la citadelle, les coupoles et les minarets de la ville des villes, de l'incomparable *Masr-el-Kairo*, la grande, la victorieuse.

Tout émus et saisis du spectacle immense que la nature nous a fait voir en déroulant devant nos yeux le spectacle du contraste le plus frappant de la vie et de la mort, nous regagnons notre bateau, qui nous a servi pour ainsi dire de maison pendant les vingt-deux jours de notre voyage sur le Nil.

Gizeh était la dernière station. Nous touchions donc à la fin de ce voyage remarquable. Chacun de nous est plein de reconnaissance pour le Khédive, qui nous a fait voir dans les conditions les plus avantageuses une partie de cet empire merveilleux. Nous débarquons vers deux heures à Boulaq, où des voitures du gouvernement nous attendaient pour nous reconduire au Caire.

CHAPITRE IX

DU CAIRE PAR ALEXANDRIE

A Port-Saïd

Les Hycsos modernes. — Le bateau-poste « Rachmanieh. » — Traversée d'Alexandrie à Port-Saïd. — La rade de Port-Saïd. — Les môles et leur construction. — Aspect général du port, arrivée des navires.—L'Empereur d'Autriche, le Prince Royal de Prusse. — L'Impératrice des Français. — Cérémonie religieuse. — L'allocution prononcée par Mgr Bauer. — Promenade en canot dans le grand bassin. — Conversation avec le Prince Royal de Prusse. — Ouverture du canal.

C'est avec regret que je quitte le « *Ferus* », ma dahabieh, et l'aimable société au milieu de laquelle j'ai vécu pendant trois semaines. J'éprouvais dans ce moment les sentiments qui dominent quelqu'un en quittant une maison qu'il a occupée pendant longtemps, pour la changer contre une nouvelle habitation, et cependant cette comparaison n'est pas entièrement exacte, car, en revenant au Caire, je ne me trouvais pas dans une ville inconnue.

En débarquant, un employé de la grande maîtrise remit à chacun de nous individuellement un billet de logement. On m'avait assigné l'hôtel de l'Europe, mais je fus bien désappointé en comparant mon nouveau logement avec celui que j'avais à ma première arrivée au Caire, à l'hôtel d'Orient. Je m'expliquai ce changement par la nécessité où se trouvait le maître de cérémonies de pourvoir au logement d'un grand nombre d'autres invités qui étaient arrivés au Caire pendant notre séjour dans la Haute-Égypte. Le propriétaire de l'hôtel fit de son mieux ; mais, comme son hôtel était presque entièrement occupé, il ne put me désigner qu'une toute petite chambre donnant sur la cour et dans un voisinage peu gai, celui des écuries. D'ailleurs cet hôtel, situé à proximité du chemin de fer, était à une assez grande distance du Mouski et des bazars, quartier préféré par les étrangers désireux de se trouver au centre le plus animé de la population, afin de se faire une idée de la vie orientale au dehors.

Mon premier soin fut d'aller à l'hôtel d'Orient y réclamer les colis que j'y avais laissés en dépôt, car il s'agissait, avant tout, de préparer nos malles afin d'être prêts à partir pour le canal de Suez. Arrivé à l'hôtel d'Orient, j'appris de la bouche de l'hôtelier que mes colis se trouvaient placés dans un bel appartement, au premier, avec balcon, donnant sur la place d'Esbekieh, et que j'avais maintenant à opter entre les deux logements qui m'étaient destinés. Le choix ne fut pas long, et sans hésiter, je déménageai, me réjouissant à l'avance de pouvoir passer une bonne nuit dans une chambre confortable, après avoir vécu pendant trois semaines dans une étroite cabine.

J'employai presque toute la journée et la soirée entière à prendre les dispositions nécessaires pour la dernière partie de notre voyage. Malgré la bonne volonté du personnel de l'hôtel d'Orient, l'immense affluence des invités venus non-seulement de l'Europe, mais des principales villes de l'Égypte, l'empêchait de pouvoir nous accorder tous les soins qu'il nous avait prodigués lors de notre premier séjour. J'avoue que nous étions un peu gâtés, et certes chacun eût dit, en songeant au passé : « Ce n'est plus *notre* Caire ! »

Après avoir vécu près d'un mois dans la Haute-Égypte, entourés des égyptologues, et à force de voir et d'admirer les merveilles de l'ancienne Égypte, notre esprit s'était un peu mis au diapason de celui des savants. Nous avions donné aux nouveaux arrivés qui nous avaient pris nos places le nom d'« Hycsos modernes. »

(Les Hycsos, chefs de tribus nomades de pasteurs, envahirent l'Égypte vers l'an 2310 avant Jésus-Christ, et y fondèrent la dix-septième dynastie. Ils s'y sont maintenus pendant 240 ans, et furent chassés par les Pharaons thébains.)

Malgré l'affluence immense des étrangers et les mille préoccupations qui agitaient les hauts fonctionnaires (dès notre arrivée, un bruit sourd circulait dans le Caire, d'après lequel l'ouverture du canal ne pourrait pas avoir lieu); malgré ces préoccupations, dis-je, le gouvernement du Khédive avait eu soin de mettre à notre disposition un convoi spécial qui devait nous mener à Alexandrie. Cependant, personne ne savait trop ce que nous deviendrions ensuite. Devions-nous revenir au Caire une fois les fêtes terminées, ou bien effectuerions-nous directement de Suez notre retour en Europe? Toutes ces questions devaient être décidées plus tard. Il était donc prudent d'emporter tous nos bagages. La trop grande prudence peut avoir ses inconvénients tout comme l'imprévoyance. L'attirail au grand complet d'un voyageur inexpérimenté n'est pas chose facile à surveiller en chemin de fer ; aussi combien de fois ai-je pesté en reconnaissant que j'aurais pu me dispenser de traîner à ma suite au moins la moitié de mes bagages !

Nous nous rendîmes à Alexandrie par la même route que celle que nous avions prise le 17 octobre. Un chemin de fer de ceinture nous conduisit de suite à l'entrepôt, placé près des docks qui avoisinent le port, où nous nous embarquâmes dans un petit bateau à vapeur qui nous conduisit à un grand steamer arabe « *el Behera* » (l'Amiral), sur lequel nos places avaient dû être retenues par Tonino-Bey. Au moment où nous voulions en prendre possession, une autre surprise nous attendait. Les « Hycsos » s'étaient emparés de ce bateau, et, comme il nous était naturellement impossible d'employer les moyens coercitifs dont disposaient jadis les Pharaons thébains, nous leur cédâmes avec d'autant plus de bonne grâce les places qui nous étaient destinées, que ceux qui en avaient pris possession étaient évidemment aussi des invités du Khédive. Une vingtaine de personnes de notre société y trouvèrent cependant encore place ; les autres devaient chercher à se caser ailleurs.

L'infatigable Tonino-Bey se mit sans retard à rechercher un autre bateau qui pourrait nous conduire à Port-Saïd. Des ordres furent immédiatement donnés de fréter le bateau-poste « *Rachmanieh* » (la Vengeance). — Ce bateau fait régulièrement le service postal entre Alexandrie et Constantinople ; — mais, d'après le dire du capitaine, le départ ne pourrait avoir lieu que le lendemain dans la journée, et une fois arrivé à Port-Saïd, le capitaine devait immédiatement retourner avec son steamer à Alexandrie.

Ce retard nous affecta péniblement, car nous risquions beaucoup d'arriver trop tard pour les fêtes d'inauguration à Port-Saïd. Cependant il fallait se rendre devant la nécessité et retourner en ville. Nous revînmes donc à l'hôtel de l'Europe, notre première demeure en Égypte. Mais la grande difficulté était d'y être logé, tous les appartements étaient pris d'avance.

C'était une véritable course au clocher de se grouper pour trouver une chambre dans laquelle nous devions être logés deux par deux. En un clin d'œil toutes les chambres furent prises, tandis que je cherchais encore un gîte. — C'était jouer de malheur ; mais, reconnaissant un vieux maître d'hôtel italien, je m'adressai à lui, en lui disant que mon camarade et moi, n'avions pas pu trouver à nous loger. Je lui débitai, tant bien que mal, plusieurs phrases en italien accompagnées de proverbes, et je réussis à captiver si bien le cœur du brave majordome, qu'il mit à ma disposition un magnifique salon au premier étage, dans lequel on installa des lits (avec moustiquaires) pendant notre repas. J'étais finalement un des mieux logés, après avoir fort appréhendé, pendant un certain temps, d'être obligé de passer la nuit à la belle étoile. Un de nos compagnons français, se trouvant presque sans asile, m'exposa sa triste situation. Je lui offris une place dans mon salon qui aurait pu servir, à la rigueur, de dortoir pour six à huit personnes. Mon offre fut naturellement acceptée avec empressement. Le bon majordome italien comprenait la situation, et en vue du bakchiche qui lui était assuré, il organisa de son mieux un troisième lit supplémentaire.

Différentes courses prirent tout mon temps jusqu'au moment où nous nous rendîmes à bord de *la Rachmanieh*. Il faut ajouter que plusieurs de nos compagnons, dans la crainte d'arriver trop tard pour assister aux fêtes d'ouverture, tandis que d'autres, effrayés par la perspective de refaire sur mer un voyage de dix-huit heures de durée au moins, se décidèrent à prendre un train spécial pour Ismaïlia, afin de se trouver de suite au centre des fêtes.

Ayant surtout l'intention de voir Port-Saïd, je me décidai à prendre la route de mer. Tout vient à point à qui sait attendre, je me trouvai parfaitement installé sur le bateau arabe. Il ne présentait peut-être pas toutes les conditions du confort élégant que nous avions trouvé sur le paquebot français des Messageries impériales, mais à moins d'être par trop exigeant, on avait sur le bateau égyptien tout ce que l'on peut désirer.

On nous avait réservé de spacieuses cabines de première classe, chacune pour deux voyageurs seulement. Nous avions le droit de choisir nos compagnons de cabine. Dans toute autre circonstance, cette faculté aurait peut-être amené quelques complications, mais quand on a voyagé dans le désert on devient philosophe. Je me concertai avec M. Hübner, et nous trouvâmes une cabine élégante et agréable dont nous prîmes possession.

La traversée d'Alexandrie à Port-Saïd était un véritable voyage d'agrément. A peine avions-nous quitté le port d'Alexandrie, que la mer devenait du bleu azuré le plus pur. Les flots étaient si calmes qu'en se trouvant sur le pont du bateau, on aurait facilement pu se croire installé sur le balcon d'une villa dominant les bords de la mer.

Mes compatriotes des bords de la Sprée, nos compagnons des rives de la Seine et même de la Loire, trouvaient le clair de lune si magnifique, la température si douce, les mouvements de notre steamer si paisibles, que nous ne songeâmes que fort tard à quitter le pont du navire.

Le lendemain 17 novembre, nous étions tous levé de très grand matin, et, avant sept heures, nous nous trouvions dans la rade de *Port-Saïd*.

L'entrée de la rade de Port-Saïd est d'un abord très facile, ce qui lui donne un avantage incontestable sur celle d'Alexandrie, qui devient inaccessible de nuit ou par les gros temps, à cause des récifs dont elle est environnée.

Deux môles gigantesques, l'un de 1,600, l'autre de 2,250 mètres, s'avancent dans la mer et forment un port extérieur de 250 hectares. Même par les temps les plus tourmentés, les navires se trouvent parfaitement en sûreté dans cet avant-port.

Ces môles sont d'un caractère assez remarquable et dignes d'être mentionnés.

Ils ont été construits au moyen de pierres tirées du désert et des îles des lagunes, reliées entre elles par du sable et de la chaux éteinte, par blocs de 10 mètres cubes et d'un poids de 20 tonnes.

La maison Dussaud frères, après les travaux de ce genre exécutés à Alger et à Cherbourg, et dans d'autres ports de mer, n'hésita pas à se charger de l'exécution des môles du Port-Saïd. Au moyen des blocs artificiels en question, l'entreprise fut menée à bonne fin.

Nous devons ajouter qu'en Allemagne aussi on avait déjà préparé depuis quelque temps ces blocs artificiels avec succès.

Qu'il me soit permis de décrire sommairement les procédés de cette opération : on mélange 350 kilogrammes de chaux vive éteinte ou de ciment, avec un mètre cube de sable de mer, en ajoutant la quantité d'eau voulue, pour lier le sable avec le ciment. Ce mélange ainsi préparé est ensuite placé dans de grandes caisses de bois de 10 mètres de capacité, pour y refroidir et durcir.

Ces caisses couvraient une grande place. On en remplissait jusqu'au-delà de trente par jour. Elles servaient de support à un réseau de rails sur lesquels on transportait avec une grande facilité et dans toutes les directions voulues, des locomobiles, des grues et d'autres grosses pièces d'outillage.

Ces masses, contenues dans les caisses, quoique déjà assez compactes au bout de quelques jours, restaient sur place pendant six semaines, pour leur donner le temps de sécher d'une manière égale.

Ces six semaines écoulées, elles restaient encore exposées à l'air pendant aussi longtemps. Après cette double épreuve, elles étaient aussi dures que le roc et pouvaient dès lors être employées sans aucun inconvénient. Ces blocs, soulevés par des grues, étaient placés, deux par deux, dans des bateaux qui les transportaient à l'endroit de leur destination. Ceux qui étaient destinés à la première assise au fond de la mer étaient tout d'abord mis sur un plan incliné, et arrivés à destination on enlevait tout ce qui les avait retenus jusqu'alors, on penchait un peu le bateau, et les 20,000 kilos se mettaient en mouvement, glissaient sur le plan incliné par-dessus le bord et allaient se précipiter dans l'eau, avec une force et une rapidité telles, que les navires couraient souvent risque d'être entièrement submergés. Plongés dans la mer, ils restaient où ils étaient tombés. Seulement les blocs massifs qui devaient dépasser le niveau de la mer se trouvaient juxtaposés au moyen d'une grue.

Les môles forment donc une espèce de crible qui, tout en laissant passer l'eau, est d'autant plus apte à briser la fureur des vagues, que les chocs agissant à travers, dans des directions opposées, se contrarient et se paralysent mutuellement.

Les avis sont partagés sur la valeur de la rade de

Port-Saïd. Quelques-uns prétendent que cette rade ne met pas les navires, qui y cherchent un refuge, à l'abri des vents du nord; d'autres assurent, au contraire, que les bâtiments qui y ont stationné, même en hiver, pour faire des observations météorologiques, n'ont jamais éprouvé de dommage ni même de danger.

A l'entrée du port intérieur s'élève un phare, œuvre de notre compagnon de voyage, M. Franchot. C'est encore là que se trouvent les grands ateliers qui ont donné à Port-Saïd une si grande importance pour la construction du canal. Des dispositions excellentes ont été prises pour faciliter le chargement des navires et pour la réparation des bâtiments avariés.

Le port intérieur est assez spacieux et peut encore au besoin être étendu jusque dans le lac de Menzaleh, d'après les plans qu'on a déjà conçus à cet effet.

Dans son état actuel le port présentait un coup d'œil splendide. Il n'en pouvait être autrement le matin du 17 novembre, jour solennel où l'inauguration du canal devait avoir lieu. Des navires appartenant à toutes les nations, arrivés de tous les points du globe, se trouvaient dans le port depuis quelques semaines déjà. Ces vaisseaux étaient pavoisés, et les pavillons de toutes les nations maritimes flottaient dans les airs, saluant l'Égypte, fiers et glorieux d'être témoins d'un succès qui rend le plus grand hommage à l'intelligence et au génie de nos temps modernes.

Il aurait été difficile de compter le nombre des personnes qui assistaient à cette cérémonie, mais j'avoue que l'aspect du port, avec sa forêt immense de mâts, était ravissant. Ces vaisseaux si nombreux, si divers, avaient à leur bord des représentants choisis parmi toutes les nations qui avaient le désir d'être témoins oculaires de la fête qui se préparait, savoir : la réunion de deux mers et la séparation de deux parties du monde. Des souverains, des princes, des ambassadeurs, etc., assistaient à cette fête splendide, pour lui donner un éclat encore plus brillant, sans compter la quantité innombrable de personnes convoquées par la libéralité et l'hospitalité du Khédive.

Son Altesse le Vice-Roi, accompagné de ses ministres et des grands dignitaires de sa couronne, était déjà depuis plusieurs jours à Port-Saïd, pour assister aux derniers préparatifs que M. Ferdinand de Lesseps avait ordonnés. L'Empereur d'Autriche entrait le 15 dans le port. Sa Majesté avait donné sa parole d'être ce jour-là à Port-Saïd et, malgré un temps des plus orageux, elle y est arrivée au jour fixé. D'autres bâtiments arrivaient le 16, et je n'en citerai que le plus important « la *Herta*, » ayant à bord le Prince royal de Prusse, qui a été acclamé chaleureusement et salué avec les égards dus à son haut rang.

Plus tard « l'*Aigle* » fut signalé, et l'Impératrice Eugénie fit son entrée dans le grand bassin de Port-Saïd, aux acclamations enthousiastes de la foule réunie. D'autres bateaux arrivaient continuellement et il nous semblait impossible, lorsque nous y arrivâmes le 17 novembre, de grand matin, de pouvoir entrer dans le bassin, mais il paraît qu'en pareilles circonstances rien n'est impossible.

J'étais ébloui de ce spectacle grandiose, immense, de la réunion de tant de navires pavoisés, des millions de banderoles qui flottaient joyeusement sur le rivage.

Notre bateau la *Rachmanieh* se trouvait placé à côté du steamer « *el Behera* » qui était parti la veille d'Alexandrie, amenant une partie de nos compagnons de voyage de la Haute-Égypte. Nous apprîmes alors, à notre grand regret, que la veille déjà la cérémonie religieuse avait eu lieu. Les principaux actes de la fête religieuse avaient été : une prière musulmane suivie d'un *Te Deum* chanté par les chrétiens qui assistaient à cette cérémonie. Pour la première fois l'on vit en Orient une réunion de croyances, bénir et célébrer une grande action et une œuvre appelée à avoir un retentissement dans le monde entier. On doit cette idée grande et généreuse à l'esprit éclairé du Khédive et, certes, le monde entier lui en est reconnaissant.

Nos regrets de n'avoir pas assisté à la cérémonie religieuse furent pourtant amoindris, en apprenant que nos camarades placés sur le *Behera*, tout aussi bien que les autres, qui ne se trouvaient pas dans l'enceinte des souverains, n'avaient absolument rien entendu des discours qui furent prononcés; ils ne purent même pas se rendre à terre. L'allocution remarquable prononcée par Mgr Bauer, pronotaire apostolique, n'a pu être entendue que des personnes qui se trouvaient dans l'enceinte réservée, tandis que celles obligées de rester sur les bâtiments ne voyaient qu'une foule innombrable groupée sur les estrades.

Nous croyons devoir reproduire *in extenso* le discours de Mgr Bauer :

« Monseigneur (le Khédive),

« Madame (l'Impératrice Eugénie),

« Sire (l'Empereur François-Joseph, S. A. R. le Prince de Prusse, LL. AA. RR. le Prince et la Princesse Henri des Pays-Bas),

« Il est permis d'affirmer que l'heure qui vient de sonner est non-seulement une des plus solennelles de ce siècle, mais encore une des plus grandes et des plus décisives qu'ait vues l'humanité depuis qu'elle a une histoire ici-bas. Ce lieu, où confinent — sans désormais y toucher — l'Afrique et l'Asie, cette grande fête du genre humain, cette assistance auguste et cosmopolite, toutes les races du globe, tous les drapeaux, tous les pavillons, flottant joyeusement sous ce ciel radieux et immense, la croix debout et respectée de tous en face du croissant ! Que de merveilles, que de contrastes saisissants, que de rêves réputés chimériques devenus de palpables réalités, et dans cet assemblage de tant de prodiges, que de sujets de réflexion pour le penseur, que de joies dans l'heure présente et, dans les perspectives de l'avenir, que de glorieuses espérances !

« Oui ! le voilà donc enfin sous notre regard, à nos pieds, ce travail de géant, ce canal universel des deux mondes, que l'on a cru impossible, parce que l'on ne se doutait pas de quoi est capable l'homme quand il veut véritablement. Le voilà, créé par des créatures, ce fleuve qui sera désormais le sujet de l'étonnement éternel des générations ! Le voilà achevé par la science, l'audace, les trésors, les luttes de toute nature, la persévérance, le génie de l'homme et la manifeste protection de Dieu ! Voilà les vaisseaux de toutes les nations prêts à franchir pour la première fois ce seuil, qui fait de l'Orient et de l'Occident un seul et même monde ; la barrière est abaissée, un des ennemis les plus formidables de l'homme et de la civilisation, l'espace, perd en un seul instant 2,000 lieues de son empire. Les deux extrémités du globe se rapprochent ; en se rapprochant, elles se reconnaissent ; en se reconnaissant, tous les hommes, enfants d'un seul et même Dieu, éprouvent le tressaillement joyeux de leur mutuelle fraternité ! O Occident ! O Orient ! rapprochez, regardez, reconnaissez, saluez, étreignez-vous ! Salut à toi, d'abord, splendide Orient, d'où à chaque aurore nous vient la lumière qui fait les jours de notre vie mortelle ; de toi aussi, ô Orient, nous vint dès l'aurore des siècles la lumière des intelligences, et, plus radieusement que tout, la lumière des âmes, présage du jour qui ne doit jamais finir. Salut à toi, merveilleux Occident, qui, après avoir reçu la double lumière, s'est efforcé et s'efforce tous les jours, et spécialement à l'heure où je vous parle, à en faire le patrimoine commun de toute l'humanité. Ah ! que de l'Orient à l'Occident on se le dise : La grande voie des nations est ouverte ! L'océan Indien et la mer Rouge ne sont désormais qu'un seul et même flot. L'histoire du monde a atteint une de ses plus glorieuses étapes. Et comme la chronologie du passé se divise en siècles qui ont précédé ou suivi la découverte de l'Amérique, la chronologie de l'avenir dira : Ce fut avant ou après le jour où l'Occident et l'Orient se rencontrèrent à travers les flancs entr'ouverts de l'Égypte ; ce fut avant ou après le 16 novembre 1869, ce fut avant ou après l'ouverture du canal universel maritime de Suez.

« Et peut-être y a-t-il encore plus ici que la découverte d'un nouveau monde, puisqu'il y a l'union de deux mondes déjà connus en un seul !

« Assurément, ce qui frappe d'abord, c'est la grandeur physique ou matérielle de cette œuvre, si audacieusement rêvée, si merveilleusement conçue, si persévéramment exécutée, et enfin si prodigieusement achevée. Mais derrière le phénomène matériel, le regard du penseur découvre des horizons plus vastes que les espaces mesurables, les horizons sans bornes, où se meuvent les plus hautes destinées, les plus glorieuses conquêtes, les plus immortelles certitudes du genre humain ! Voilà que les vaisseaux du monde peuvent voguer en droite ligne de l'Indo-Chine jusqu'au cœur de l'Occident européen. Que porteront-ils, ces hardis messagers auxquels le génie a donné la vapeur et auxquels la vapeur a donné des ailes ? Ils porteront avant tout les richesses mercantiles des nations, qui, par leurs échanges mutuels, manifesteront désormais plus hautement encore que par le passé une des lois les plus admirables du Créateur. Dieu, en effet, en donnant aux hommes partout des besoins identiques, mais en répartissant inégalement entre les divers pays les richesses de la création, Dieu a voulu rendre les nations tributaires les unes des autres. Les hommes de tout sang, de tout pays et de toute croyance, que je vois ici devant moi, sont non-seulement des frères par leur commune origine, ils sont encore des associés par leur commun intérêt. Encore une fois, c'est Dieu qui a fait cela, en créant les hommes avec des besoins identiques et les terres avec les produits les plus variés. Honneur donc à cette grande force, qui enserre le monde dans une chaîne providentielle de travail et de prospérité et qui s'appelle : le commerce. Le commerce est plus qu'une force, il est une gloire ; il est plus et mieux qu'une gloire, il est un bienfait. Car le commerce ne se borne pas à créer la richesse : il contribue aussi — et puissamment — à créer cette grande merveille, objectif passionné où tendent les hommes : la civilisation !

« Oui, la civilisation ! C'est elle qui célèbre aujourd'hui une des plus grandes dates que jamais il lui ait été donné d'inscrire dans les fastes du genre humain. Partez de tous les ports du monde, navires de tous les peuples de la terre ! Disparaissez dans l'immensité de l'horizon, emportant avec vous dans la profondeur de vos flancs les produits de toutes les terres et les ouvrages de tous les hommes. Pendant que, chargés de toutes ces cargaisons pesantes, vous sillonnez les mers, d'invisibles et mystérieux passagers, les idées, les mœurs, les coutumes, les langages divers, les sympathies mutuelles monteront à votre bord, navigueront de conserve avec vous, traverseront cet isthme si prodigieusement perforé et aborderont à tous les rivages où toucheront vos vaisseaux ; et ainsi tout homme qui a donné un coup de pioche au canal des deux mondes, alors même que cet homme n'eût voulu creuser qu'un passage merveilleux pour le commerce, ce travailleur, pionnier conscient ou inconscient de la Providence, a eu la gloire de donner un coup de pioche pour ouvrir la route magnifique où passeront désormais et à jamais la paix et la justice, la lumière et la vérité, c'est-à-dire, au sens le plus élevé, la véritable civilisation.

« Après avoir célébré la double grandeur et la signification essentiellement civilisatrice de cette œuvre vraiment incomparable, il nous reste un devoir à remplir. Il convient de rendre un hommage public et solennel, ici, sur cette plage, devant l'univers qui nous écoute et nous regarde, devant cette assemblée de tous les peuples représentés ici par leurs souverains, leurs princes, leurs ambassadeurs, leurs clergés et l'élite de tous les pays, devant l'histoire qui attend et qui s'apprête à écrire une de ses pages les plus pathétiques, il convient, dis-je, de rendre ici, en ce moment, un hommage éclatant à ceux qui furent, qui sont et qui seront désormais les triomphateurs de cette grande bataille pacifique, gagnée enfin au bénéfice du genre humain.

« Monseigneur (le Khédive),

« A Votre Altesse appartient de plein droit notre première parole de gratitude.

« Veuillez recevoir, monseigneur, l'expression de la respectueuse reconnaissance de tous les hommes de cœur qui, sur la terre, ont ardemment désiré l'achèvement de cette œuvre sans pareille dans l'histoire du monde. A travers des difficultés sans nombre, vous avez voulu persévéramment ce grand fait si éminemment civilisateur ; et ce que vous avez persévéramment voulu, vous l'avez courageusement soutenu et enfin généreusement accompli. Jouissez aujourd'hui pleinement de votre glorieux succès. En ce moment, à cette grande heure de votre vie et de votre règne, l'Orient et l'Occident vous remercient par ma voix ; l'Égypte, destinée à recueillir la première les fruits de ce grand labeur, vous appellera son régénérateur, et l'histoire réserve au règne du Khédive Ismaïl une page glorieuse et vraiment méritée.

« Permettez aussi à une bouche sacerdotale de vous remercier, en présence de vos illustres hôtes, de cette large liberté et de ces dons vraiment royaux accordés au christianisme, à son culte et ses œuvres, à ses institutions et ses écoles, sur cette terre des Pharaons, qui fut jadis la terre de toutes les servitudes et qui tend à devenir, aujourd'hui, la terre de toutes les libertés. C'est à Votre Altesse qu'est due cette bienheureuse transformation. La solennité de ce jour ne dit-elle pas plus éloquemment que tout discours l'immensité du chemin parcouru ? Pour la première fois depuis douze siècles, la foi chrétienne peut élever, en face du croissant, à ciel ouvert, sa voix pour prier et ses mains pour bénir. C'est là assurément un grand fait et une grande heure. Merci, monseigneur, d'avoir voulu ce fait, d'avoir fait sonner cette heure; merci, d'un cœur ému, au nom du christianisme; merci au nom de la France, au nom de l'Europe ; merci au nom de toute l'humanité, dont les destinées font un grand pas en ce moment, grâce à Votre Altesse, qui veut le bien, et grâce à Dieu qui le bénit.

« Madame (l'Impératrice Eugénie),

« Ceux qui ont coopéré d'une manière intime à ce

grand travail connaissent la part que Votre Majesté y a prise; cette part est immense. Il sied bien à votre âme virile de faire les plus grandes choses en silence; mais il ne saurait nous convenir de nous rendre complice de ce silence qui tendrait à fausser l'histoire et à frustrer la postérité. Il importe que l'histoire sache que cette grande œuvre pour une part immense est la vôtre, et l'histoire, en le disant, dira rigoureusement la vérité. L'histoire ajoutera, madame, qu'en prêtant votre puissant appui au canal des deux mondes, vous avez été dans la plus étroite communion de pensées et de sympathies avec la France entière, qui a voulu cette œuvre ; avec cette généreuse et noble France, qui, dans toutes les classes sociales, s'est enthousiasmée pour le percement de l'isthme de Suez, a fourni ses millions et ses bras, son intelligence et son énergie, ses ingénieurs et ses travailleurs, son personnel et son matériel; avec cette France enfin, qui s'est, pour ainsi dire, personnifiée dans un de ses fils, providentiellement doué pour cette tâche prodigieuse par sa persuasive et familière éloquence, sa fougue impétueuse, son invincible ténacité, la force et la douceur, une habileté consommée et une loyauté vraiment chevaleresque, en un mot par *la foi* pour ainsi dire surhumaine dans l'accomplissement de cette œuvre gigantesque, risée du monde avant d'être devenue aujourd'hui l'objet de ses plus enthousiastes admirations. Maintenant que l'incroyable est devenu réalité, que la prétendue chimère est là, splendide et achevée devant notre œil ravi, en ce moment que doit-il se passer dans l'âme de celui qui fut l'âme de tout ce que nous voyons? Dieu seul le sait. Il me semble que dans ses yeux je vois briller des larmes : je voudrais les pouvoir recueillir, car elles appartiennent d'abord à la France et puis à l'humanité. Proclamons-le bien haut : le nom de cet homme appartient désormais à l'histoire, où, par un rare privilége de la Providence, il entre vivant; proclamons devant toute la terre que la France, qui est loin, mais qui n'est pas absente, est contente et fière de son fils. Proclamons enfin que jusqu'à l'extrême déclin des âges, de même que le nouveau monde découvert au quinzième siècle dira à jamais, à l'oreille de toute postérité, le nom de l'homme de génie qui s'appela Christophe Colomb, de même ce canal des deux mondes redira à jamais le nom d'un homme qui vécut au dix-neuvième siècle, ce nom que je suis heureux de jeter sur cette plage aux quatre vents du ciel, le nom de Ferdinand de Lesseps.

« Nous ne pouvons prononcer ici en ce moment tous les noms qui mériteraient avec le sien de retentir dans cette solennité; mais gardons-nous d'oublier ceux qui, illustres ou obscurs, ont péri au champ d'honneur du travail; donnons, aujourd'hui que le jour du triomphe est levé, un souvenir reconnaissant et attendri à toutes ces tombes chères à la fois à leur patrie respective et à toute l'humanité. Nos regrets ne sauraient froisser aucune susceptibilité nationale. Car tous les peuples du globe comptent des victimes parmi nos chers morts, qui n'ont vaincu d'autres ennemis que les espaces et les flots, les déserts et la barbarie. (*Applaudissements.*)

« Et maintenant qu'il nous soit permis, avant de terminer, de remercier tous ces illustres hôtes, qui ont bien voulu nous apporter ici l'honneur et la joie de leur présence.

« Sire, Votre Majesté Apostolique a donné à cette grande œuvre un témoignage d'insigne sympathie en arrêtant ici vos pas au moment où l'Adriatique, qui baigne votre empire, et la mer Rouge, deviennent un grand fleuve aboutissant à l'océan Indien. Daigne le Dieu que vous venez d'adorer publiquement en vous agenouillant sur le tombeau du Sauveur du monde, répandre ses bénédictions sur votre personne, sur votre dynastie et sur le grand empire qu'il a daigné confier à votre sollicitude.

« Puissent toutes les nations, dont les princes et les ambassadeurs illustrent ce grand jour de leur présence, prospérer dans la concorde et dans la paix, et puisse ainsi la grandeur de chaque peuple devenir la grandeur de tous et la durable pacification du genre humain.

« Et pour terminer dignement cette grande solennité, élevons nos pensées non-seulement de l'image des patries distinctes jusqu'à la grande humanité tout entière, mais par delà et au-dessus de l'humanité : élevons nos âmes jusqu'à l'éternelle et adorable Divinité, qui, dans sa bonté infinie, a permis à des hommes mortels de faire une œuvre aussi prodigieuse, sorte de création dans la création, puisqu'elle a fait de l'Afrique et de l'Asie deux continents dont Dieu est le créateur, dont l'immensité est la limite, et dont le canal des deux mondes est désormais la féconde et immortelle séparation.

« Dieu tout-puissant et éternel! Dieu créateur du monde et père de toute créature, bénissez cette voie nouvelle que vous avez permis à l'homme d'ouvrir au sein de votre création. Faites de ce fleuve non-seulement la grande voie de la prospérité universelle, faites-en le chemin royal de la paix et de la justice, de la lumière et de la vérité éternelle. Que votre souffle divin plane sur ces eaux! Qu'il y passe et repasse, de l'Occident à l'Orient, de l'Orient à l'Occident. O Dieu ! servez-vous de cette voie pour rapprocher les hommes les uns des autres; mais rapprochez-les surtout de vous-même et soyez-leur propice à tous dans le temps de l'éternité. »

J'ai réussi à me procurer, à mon retour à Paris, le texte de ce discours; et comme précisément très peu de personnes ont pu entendre les paroles si chaleureuses et si éloquentes de ce prélat, je les ai reproduites *in extenso*, ne doutant pas qu'elles soient lues avec tout l'intérêt qu'elles méritent.

Est-ce à un oubli ou à un parti pris qu'il faut attribuer à l'éloquent orateur son silence à l'égard du Prince Royal de Prusse ? Quelques personnes ont essayé d'insinuer que Monseigneur Bauer n'avait pas trouvé une parole sympathique à adresser à l'héritier présomptif de la couronne de Prusse, parce que ce prince est protestant. Mais le Khédive n'est-il pas musulman ? Existe-t-il en Europe un pays où l'Église catholique soit plus libre et plus efficacement protégée qu'elle ne l'est en Prusse ?

Pendant que Tonino-Bey s'enquérait partout des voies et moyens de ne pas nous laisser morfondre dans la rade de Port-Saïd et de nous procurer, d'une manière ou d'une autre, une embarcation pour parcourir le canal, j'allai trouver le capitaine de *la Rachmanieh*. Au risque d'essayer un refus, je le priai de mettre à ma disposition, pendant quelques heures, un des canots de sauvetage du bâtiment qu'il commandait. Ce fut avec une bonne grâce charmante que le commandant du vapeur *la Rachmanieh* acquiesça à ma prière. J'invitai aussitôt MM. de Moeller et Hübner à prendre place dans le canot, pour faire une promenade dans le grand bassin. Mon intention était de me rendre compte de la position ainsi que des proportions de ce port appelé à de si brillantes destinées.

Au moment où les matelots se disposaient à prendre le large, M. Hagen, ingénieur hydraulique, nous demanda à être des nôtres. C'était une véritable bonne fortune que d'avoir comme compagnon un cicerone tout spécial.

Après avoir longé pendant près d'une heure les bords enchanteurs du rivage, nous fîmes glisser, à travers tous les bâtiments entassés dans le port, notre coquille de noix. Nous cherchions en bons patriotes à découvrir les vaisseaux prussiens qui y étaient mouillés.

Bientôt nous découvrîmes le yacht *le Grillon*, qui avait à bord Son Altesse Royale monseigneur le Prince Royal de Prusse.

Le Prince se trouvait justement sur le pont, à côté

du capitaine. Nous ayant reconnus, il nous fit signe de nous approcher. Lorsque nous fûmes jusqu'au point où nous pouvions aller, Son Altesse fit de ses deux mains un porte-voix de circonstance et nous dit : « Je regrette de ne pouvoir vous inviter à monter jusqu'ici. On vient de donner l'ordre de se tenir prêts à lever l'ancre. Les bateaux vont d'un moment à l'autre faire leur entrée solennelle dans le canal. »

Comme nous avions tous les quatre le bonheur d'être connus personnellement de Son Altesse Royale, elle nous adressa encore plusieurs paroles aimables et bienveillantes en nous appelant « effendis. » La conversation avait une tournure toute particulière. Quoique la distance de notre canot ne fût pas trop grande du yacht du Prince Royal, le bruit des vagues dans le bassin, les coups de sifflet des steamers, les cris des matelots, enfin l'agitation générale qui régnait, produisaient un tel tapage qu'il nous eût été impossible de parler à Son Altesse Royale sans imiter l'exemple qui nous avait été donné, et sans nous faire un porte-voix de nos mains.

Au moment où nous nous trouvions à côté du bâtiment prussien, on entendit des coups de canon qui annonçaient que *l'Aigle* ouvrait la marche de l'entrée du canal. Nous prîmes, en toute hâte, congé du Prince

Royal pour nous diriger du côté de l'entrée du canal, indiquée par deux immenses obélisques (provisoirement en bois), et nous nous plaçâmes devant le bateau de guerre prussien *Elisabeth*.

L'Aigle était suivi du *Greif*, ayant à bord l'empereur d'Autriche ; puis venait le yacht *le Grillon*, portant le Prince Royal de Prusse. A peine avions-nous pris position que le yacht royal passait devant nous. Mes trois compagnons et moi, nous eûmes la bonne fortune de pouvoir mêler nos voix à celles de l'équipage de *l'Elisabeth,* lançant dans l'air des hourrahs accompagnés du cri : « Vive notre Prince Royal ! »

J'ai donc été ainsi témoin oculaire de la véritable ouverture du canal, de l'entrée officielle des navires, j'ai vu et salué au passage le premier bateau prussien qui est entré dans le canal de Suez et ayant à bord notre Prince Royal.

CHAPITRE X

LE CANAL DE SUEZ

Histoire et géographie du canal. — Les premiers travaux. — Le lac Timsah. — Ismaïlia. — Les lacs Amers. — Le district de Chalouf. — Suez. — Dépenses et travaux. — La navigation sur le canal. — Mouvement du commerce. — Nouvel avenir pour les ports de mer de la Méditerranée. — Le commerce de l'Allemagne du Nord. — Conclusion.

L'idée de percer l'isthme de Suez, afin d'établir une communication directe entre l'Asie et l'Afrique, n'est point une idée de notre temps. A l'époque des Pharaons, il y a plus de deux mille ans, les Égyptiens avaient déjà creusé un canal devant servir à étendre le commerce et la puissance de l'Égypte jusqu'aux côtes de la mer Rouge et de la mer des Indes.

L'ancien canal des Pharaons, achevé par les Ptolémées, avait son embouchure dans le bras Est du Nil. Il traversait la partie du pays nommée aujourd'hui le

Wad-Tumilath jusqu'à l'isthme proprement dit ; se tournant de là vers le sud-est, il tombait dans la mer Rouge, près de Suez.

Ce canal, intermédiaire d'un commerce très actif, a existé plus de mille ans (de 260 avant Jésus-Christ jusqu'à 767 de notre ère). Il fut comblé par les Arabes sur l'ordre du calife Al-Mansor, qui voulait couper les vivres à un chef séditieux de l'Arabie.

Depuis ce temps-là, l'isthme de Suez, comme tous les autres isthmes, a été l'objet de beaucoup de projets de percement.

Les opérations géodésiques faites pendant l'expédition du général Bonaparte en Égypte, avaient constaté que le niveau de la mer Rouge était à 30 pieds au-dessus de celui de la Méditerranée. Basés sur ces erreurs, les projets de percement de l'isthme furent suspendus pendant près de cinquante ans, jusqu'à ce que par un nouveau nivellement, surtout par celui de Linant-Bey, dirigé en 1853, on constata l'erreur qui avait été commise en 1799.

C'est sur ce nouveau nivellement que repose le projet de M. Ferdinand de Lesseps, alors consul général de France à Alexandrie. Il établit en 1854 une société pour le percement du canal et obtint la concession du Vice-Roi d'Égypte, Saïd-Pacha.

Grâce à son esprit éclairé, à son énergie, à sa persévérance, M. de Lesseps a fini par triompher d'une foule innombrable d'obstacles qui s'opposaient à la réussite de l'entreprise.

En dix ans (les travaux n'ont commencé qu'en 1855), M. de Lesseps est parvenu à mener à bonne fin une des entreprises les plus colossales qu'un homme ait jamais imaginées. J'ai dit que l'ancienne Égypte avait son canal entre la mer Rouge et la Méditerranée, mais cette œuvre rudimentaire n'était, pour ainsi dire, que locale, et n'a jamais fixé l'attention des navigateurs de l'antiquité.

Après avoir quitté Port-Saïd et le lac de Menzaleh, le canal entre dans le lac dit de Ballah, où se trouve la ville de Kantara. De là on arrive à cette partie intéressante de *el Guisr*.

Il a fallu, en cet endroit, creuser une tranchée qui n'a pas moins de 25 mètres de profondeur du niveau de l'eau du canal à la surface de la plaine sablonneuse. Disons bien vite que ce n'est guère que sur un parcours de 3 à 4 kilomètres que l'on a été obligé de creuser à de telles profondeurs. Mais si l'on prend en considération la largeur du canal, on pourra facilement se rendre compte des difficultés à surmonter, difficultés qu'on n'aurait pu vaincre si M. de Lesseps n'avait eu à son service son génie et les premiers ingénieurs du monde.

Heureusement que cette tranchée gigantesque n'a pas été pratiquée dans du sable mouvant. En cet endroit le sel et le gypse donnent de la consistance au sable, et les parois de la tranchée résistent d'elles-mêmes sans murs de soutènement.

A quelques kilomètres de là, en se tournant tout à coup du côté du lac Timsah (lac des crocodiles), on est frappé de la beauté de l'aspect qui s'ouvre devant vos yeux. Quand on est accoutumé à ne voir que le sable jaune du désert, les regards se promènent avec délices sur ce bassin vaste et limpide et se reposent sur cette charmante ville d'Ismaïlia, qui couronne de ses places verdoyantes, de ses maisons blanches, de ses jardins et de ses avenues, les bords élevés du lac.

C'est à peine si on peut s'imaginer que, sur l'emplacement où se trouve maintenant ce lac riant, il n'y avait autrefois que la triste plaine du désert, plaine qui l'entoure encore, et dont la désolante solitude n'est que rarement animée par des caravanes pourvues de chameaux éprouvés. Alors le lac Timsah ne formait qu'une masse d'eau peu étendue et peu profonde, peuplée de crocodiles, qui depuis longtemps ont disparu en ne laissant que leur nom à ces eaux.

C'est à juste titre que les entrepreneurs du canal désignent Ismaïlia comme la future capitale de l'isthme et espèrent la voir rivaliser, dans un prochain avenir, avec Alexandrie et le Caire. Le canal, sortant des eaux douces du Nil, s'unit à cet endroit au canal maritime. Ismaïlia, bâtie au point de jonction des deux canaux, devient par là même un trait d'union entre l'Occident et l'Orient, et cette ville sera dorénavant l'entrepôt de tout le commerce intérieur de l'Égypte et de la Syrie. Son avenir n'est donc point douteux. La première pierre en fut posée en 1862, et au milieu du désert on a vu surgir, comme par enchantement, une ville étalant aujourd'hui des édifices et des palais. Bientôt des magasins et entrepôts succéderont aux premières constructions.

Ne condamnons pas en dernière instance le siècle dans lequel nous vivons. Il fallait autrefois bien longtemps pour voir surgir, à l'abri d'un castel ou château-fort, une bourgade qui finissait bien par devenir ville. Aujourd'hui nous voyons au milieu d'un désert s'élever en moins de dix ans une ville splendide qui sera bientôt une place de commerce de premier ordre.

Le canal d'eau douce étant la base fondamentale de tous les autres travaux et de toute existence humaine dans la région de l'isthme, il a fallu commencer par créer d'abord cette partie du canal. Vingt mille fellahs du Vice-Roi ont été occupés pendant des années à creuser une voie au Nil dans la direction de la mer Rouge.

C'est tout près du Caire, où ce beau fleuve n'est pas encore amoindri par les canaux d'irrigation du Delta, qu'on fit prendre naissance au canal d'eau douce. La distance de ce point jusqu'à Suez est d'environ vingt-cinq lieues. L'eau douce ne peut jamais manquer en cet endroit, où le niveau du Nil, même quand il est le plus bas, excède celui de la mer Rouge d'à peu près onze mètres.

Même à cette distance du fleuve, l'eau du canal, au temps de la crue du Nil, subit un changement de couleur et de goût; elle est trouble à cette époque et peu agréable à boire. Il fallait la filtrer pour la rendre potable aux ouvriers.

En continuant le parcours au delà d'Ismaïlia, on arrive aux *lacs Amers* qui atteignent en quelques endroits une largeur de 10 kilomètres. Le canal les parcourt sur une longueur de 40 kilomètres. Il existait encore en 1868, au fond des lacs, un banc de sel blanc, d'une longueur de 12 kilomètres sur une largeur d'environ 5 kilomètres. Sa profondeur mesurait 10 mètres sur quelques points et son épaisseur moyenne était évaluée à 6 mètres. Ce banc de sel avait, par conséquent, 360 millions de mètres cubes de dimension.

On suppose même que les lacs Amers étaient autrefois alimentés par l'eau de la mer Rouge et que le dessèchement complet qui s'y est opéré, comme dans le lac Timsah, n'a commencé qu'après le détachement de ce territoire de la mer voisine.

Le bassin des lacs Amers offre au canal des avantages considérables, en ce sens que les travaux de terrassement ont été fort réduits, sur un parcours de 40 kilomètres, et complètement rendus inutiles sur plusieurs points. Les lacs Amers procurent encore l'avantage d'affaiblir les courants qui résultent nécessairement des fluctuations de la mer Rouge. Même la plus forte marée qui pénètre dans le canal ne pourra plus se faire sentir au delà des lacs Amers. Les vents du nord les plus forts et les plus constants, qui font baisser considérablement la mer près de Suez, ne changeront que fort peu le niveau des lacs Amers.

D'après les calculs faits par des ingénieurs, le mouvement le plus rapide de l'eau du canal au sud des lacs Amers est de $1^m,16$ par seconde, tandis que le mouvement au nord des lacs n'est que de $0^m,35$. Ceci est important pour la conservation des bords ; car au sud ils sont formés de pierres calcaires et d'argile dure, tandis qu'au nord ils se composent de sable et de vase du Nil.

Les bords du canal du district de Chalouf (plateau de neuf mètres au-dessus du niveau de la mer, qui s'élève comme une digue de 11 kilomètres de longueur entre les lacs Amers et la mer), se composent de pierres calcaires et d'argile mêlée de gypse.

Dans les couches de sable dont ce plateau se compose, on rencontre un nombre très considérable de coquillages fort bien conservés et de conchifères, qu'on retrouve encore maintenant dans la mer Rouge. Il est donc évident que ce terrain, en partant d'une position plus basse (probablement par des soulèvements) à une position plus élevée, a coupé la communication qui existait autrefois entre la mer Rouge et les lacs Amers. Ces derniers, étant isolés, ont été alors desséchés et on y a trouvé dans des couches inférieures de nombreux débris de fossiles qui appartiennent cependant à une période géologique plus récente.

Le rocher est dans ces endroits d'une dureté telle qu'il résistait aux dragues et ne cédait qu'aux mines. C'est pourquoi ces travaux ont exigé plus de temps et des sommes plus considérables que sur aucun autre point du canal, même à El-Guisr.

De Chalouf à Suez et jusque dans la mer Rouge le canal passe, sur une longueur de dix kilomètres, par la lagune de Suez, bassin extrêmement peu profond et dont le sol est formé de vase de mer. Cette vase ne ressemble point à celle du Nil, qui a causé tant de difficultés au lac de Menzaleh ; au contraire, elle contient une quantité considérable d'agglomération de coquillages qui se cimentent facilement et qui ont même été employés, comme je l'ai mentionné dans le chapitre précédent, à la construction des môles. Les travaux accomplis sur ce point du canal ont donc présenté des difficultés moindres, et les parois ne souffrent pas par les courants que produisent les changements dans le niveau de la mer Rouge.

Le port de Suez, situé dans la lagune et dans le voisinage immédiat de la ville, n'est praticable que pour les navires qui ne tirent pas un grand courant d'eau. Les grands vaisseaux et les bateaux des lignes française, anglaise et turque jettent l'ancre dans la rade, à une distance assez considérable du port. On emploie, pour débarquer et embarquer les voyageurs et les marchandises, et pour entretenir la communication entre les équipages des navires et la terre ferme, des bateaux à vapeur plus petits.

Le fond de la mer ayant une solidité suffisante pour

laisser mordre les ancres, les navires y sont sûrement abrités. Malgré tout cela la rade n'aurait pu suffire à un mouvement de commerce universel, tel qu'on est en droit d'espérer de le voir s'établir ici ; la Compagnie était donc obligée de faire construire un port nouveau.

Pour arriver à la profondeur réglementaire de 8 mètres au-dessous du plus bas niveau de la mer, on débourba la mer jusqu'à une distance d'environ 2,000 mètres de la côte. Sur une langue de terre dont l'extrémité touche à l'embouchure du canal, mais qui, au moment de la marée montante, est couverte d'eau, on érigea un remblai qui forme, avec le môle opposé, l'enclos de l'entrée de la lagune.

A l'extrémité de cette langue, on releva le sol en entassant les produits du débourbement, et des deux côtés on établit deux ports avec des docks, des magasins et autres édifices. L'un, le port extérieur, appartenant à la Compagnie, est réservé pour les vaisseaux qui traversent le canal. Le gouvernement égyptien s'est réservé l'exploitation du port intérieur.

Suez a un avenir tout aussi brillant que Port-Saïd et Ismaïlia. Autrefois port sans commerce, sans importance, cette petite ville pouvait à peine fournir des moyens d'existence à ses 1,500 habitants, lesquels n'avaient certainement pas rêvé l'avenir brillant qui est réservé à leur ville natale.

Le canal de Suez, ainsi placé au milieu de l'ancien monde, communiquant avec l'Europe par la Méditerranée, avec l'Asie par la mer Rouge, et avec l'Afrique centrale par le canal d'eau douce et le Nil, est appelé à être le centre d'un développement commercial des plus étendus.

Des travaux aussi gigantesques ne pouvaient naturellement pas être exécutés sans des dépenses énormes et des efforts extraordinaires.

Pour conduire à bien une entreprise aussi colossale, il fallait nécessairement recourir au crédit. Ici encore M. de Lesseps fut l'âme de l'œuvre projetée. Ce fut sur son initiative que se forma une société d'actionnaires ayant son siége à Paris. La moitié des actions furent souscrites en France; le Khédive en prit un quart, et le reste fut partagé entre l'Autriche, la Russie et autres pays.

Le gouvernement égyptien a constamment voué la plus grande sollicitude à la réussite de cette entreprise; aussi, dès le commencement, le Vice-Roi, Saïd-Pacha, avait-il manifesté le grand intérêt qu'il prenait à cette œuvre, non-seulement en se constituant un des actionnaires principaux, mais en fournissant des bras pour l'exécution de l'œuvre.

Vingt mille fellahs étaient remplacés mensuellement par un nombre égal de nouveaux travailleurs. Leurs travaux devaient être payés par la Compagnie. Après avoir aboli en Égypte le travail obligatoire, on se servait autant que possible des machines, au lieu des bras de l'homme, pour creuser le canal. A Chalouf seulement, on fut forcé d'y renoncer, comme je l'ai déjà indiqué plus haut, par suite de la dureté du rocher qu'il fallait creuser; mais là aussi on remplaça les travailleurs forcés par des travailleurs libres. Sur tous les autres points, on établit des dragues aussitôt qu'on eut porté les travaux jusqu'à une profondeur où l'eau pouvait entrer en quantité suffisante. Sur quelques points, comme par exemple au Sérapéum, on se servit de l'eau douce du canal du Nil, qu'on fit monter par des écluses, de sorte qu'on pût employer les dragues à une hauteur assez remarquable au-dessus du niveau de la mer.

A mesure que le temps fixé pour l'ouverture du canal approchait, on commençait à étudier la question de savoir comment on pourrait utiliser de la manière la plus profitable les avantages qui étaient créés au commerce par cette nouvelle voie de navigation.

A partir du moment où plusieurs hommes compétents déclarèrent dans leurs écrits que l'œuvre avançait réellement et serait bientôt un fait accompli, l'Angleterre commença à sortir de l'état d'indifférence qu'elle avait toujours manifesté pour cette entreprise. Ce revirement dans l'opinion, en Angleterre, fut surtout dû aux paroles d'un ingénieur anglais fort apprécié de ses compatriotes. Cet homme, très compétent dans la question, déclara publiquement, au commencement de 1869, qu'envisagé au point de vue technique, le canal de Suez, loin d'être une impossibilité, n'avait jamais offert de difficultés bien sérieuses ; que les travaux nécessaires étaient d'une nature assez simple ; que le sol était favorable à l'exécution du projet, et qu'on pouvait s'attendre à voir le canal achevé vers la fin de l'année.

Les faits sont là pour prouver que l'ingénieur anglais avait raison. Le terme fixé pour l'ouverture du canal a été strictement maintenu, et le 17 novembre, il a été livré à la navigation.

La Méditerranée, ainsi que la mer Rouge, il faut en convenir, sont peu favorables à la navigation des vaisseaux à voiles. Les difficultés ne viennent pas des temps mauvais, car les tempêtes sont heureusement bien rares dans ces mers ; l'empêchement consiste surtout dans la largeur restreinte du chenal de la mer Rouge. Cette mer est en effet si étroite, que les vaisseaux à voiles ne peuvent éviter avec facilité les vents contraires qui pourraient les menacer.

Les bâtiments à voiles se serviront donc du canal lorsqu'ils voudront gagner du temps ; ils profiteront aussi, pour se servir de cette voie, de la saison la plus favorable.

Les bateaux à vapeur ont incontestablement un avantage marqué sur les bâtiments à voiles. Cette nouvelle voie navigable est avant tout destinée aux bateaux à vapeur, et parmi ceux-ci les bateaux à hélice auront un avantage sur les autres, en ce sens qu'ils peuvent à la fois profiter des vents favorables et braver les vents contraires.

En comparant les distances de la ligne du canal de Suez ou de celles du cap de Bonne-Espérance, il est évident que tous les bateaux à vapeur venant des ports de la Méditerranée et se rendant aux Indes, choisiront la nouvelle voie navigable. « *Time is money.* » Ce proverbe n'a jamais eu une meilleure application que dans le cas présent. Une épargne de temps, dans le monde commercial, répond toujours à un gain d'argent. Au moment où la marchandise est entrée dans le port, le négociant peut la mettre en vente et jouir sans délai de l'intérêt du prix qu'il a obtenu. Ces intérêts et avantages sont de différente nature. Outre que la marchandise arrive plus tôt à l'acquéreur, il rentre aussi plus tôt dans les prix de ses avances. La prime à payer aux sociétés d'assurances se trouvera aussi moins élevée; car il est évident que si une cargaison se trouve moins longtemps exposée à tous les hasards d'une navigation lointaine, elle ne doit pas autant payer que celle qui se trouve assujettie à tous ces risques.

Il est encore évident qu'un bateau à vapeur qui fait le trajet des Indes pendant la quatrième partie du temps qu'il faut à un vaisseau à voiles, forcé de doubler le cap, ne risque que la quatrième partie du danger que rencontrera le navire à voiles.

Nous admettons volontiers qu'un bateau à vapeur, toute proportion gardée, a des frais d'équipage plus considérables qu'un voilier. Mais la différence est largement compensée par la rapidité avec laquelle il arrive à destination. Qu'il dépense par jour le double d'un voilier jaugeant autant de tonneaux que lui, je le veux bien, mais s'il arrive quatre ou seulement trois fois plus vite, il est évident qu'il peut accepter des transports à plus bas prix que le voilier.

Il serait trop long, et je dépasserais le but que je me suis proposé, d'entrer dans un examen plus approfondi de cette importante question des avantages que le canal de Suez doit procurer à la navigation, avantages qui seront certes couronnés des plus beaux résultats, depuis que les efforts des ingénieurs sont constamment dirigés à perfectionner le système des bateaux à vapeur.

Le problème du percement de l'isthme est résolu, c'est un fait incontestable. Le canal est fait et livré à la circulation des navires de toutes les nations ; il n'est peut-être pas entièrement achevé, mais ceci est une affaire de temps et surtout d'argent, question secondaire en envisageant les résultats immenses obtenus.

Il s'agit maintenant, pour terminer cet examen, de savoir comment le canal pourra être utilisé avec les plus grandes chances de succès. Après avoir démontré que la navigation à vapeur est préférable à la navigation à voiles pour traverser cette voie, voyons quelles branches de commerce auront à suivre cette route.

Le commerce d'exportation que l'Europe fait en Asie est représenté par des marchandises d'une valeur extrêmement inégale et qui pourraient être groupées dans les catégories suivantes : marchandises de soie, de laine ; tissus de coton et toiles ; de lin ou de chanvre ; articles d'acier, de fer, de quincaillerie (des armes); bois, verres, cuirs, matériaux nécessaires pour la construction des vaisseaux et des chemins de fer, surtout pour les colonies anglaises des Indes; et enfin la houille pour les bateaux à vapeur.

Ces marchandises — à l'exception de celles du dernier groupe — sont pour la plupart très coûteuses, de sorte que, comparativement à leur valeur, le droit prélevé pour le transit paraît peu considérable; elles choisiront donc toujours la ligne la plus accélérée, c'est-à-dire celle du canal, tandis que le transport de la houille se fera exclusivement par les navires à voiles qui continueront à doubler le cap de Bonne-Espérance.

Les articles à importer en Europe et qui suivront de préférence la voie du canal, sont :

Les soieries de provenance des Indes, le thé, le coton de la Chine et des Indes, articles auxquels il faut ajouter les produits immenses de café de l'Arabie et ensuite ceux de l'Égypte. Je citerai en première ligne deux industries qui ont pris, sous le règne du Khédive, un développement extraordinaire : le coton et principalement le sucre.

Depuis le commencement de l'année 1869, le Khédive a multiplié ses efforts pour donner à l'industrie sucrière des développements plus considérables que ceux qu'elle a pris sous son règne. Il fait construire plusieurs raffineries à l'instar de celle que nous avons visitée à Rhoda (chapitre V). — La gomme, des dattes, des plumes d'autruche, l'ivoire, le soufre, etc., sont des produits qui nous arriveront toujours en Europe par la voie la plus rapide.

Les navires qui passeront par le canal avec un chargement de produits européens ou de marchandises des Indes, ne seront jamais exposés à retourner sans lest de marchandises à leur port de partance. En effet, il y aura toujours lieu de faire un échange entre les produits européens et ceux de l'Asie et de l'Afrique.

Les villes commerçantes du sud de l'Europe ont eu leur plus brillante période dans les siècles où la Méditerranée était le débouché des articles de commerce les plus importants, à une époque où l'Océan entourait encore le continent européen, au nord et à l'est, comme une nappe d'eau inconnue que la navigation n'osait pas franchir. Le développement de la navigation, l'ouverture de l'océan Atlantique, et surtout la découverte du Nouveau-Monde et du chemin des Indes, amenèrent le déclin du commerce de la Méditerranée et la naissance du commerce universel qui, cultivé avec succès par l'Espagne et le Portugal, et ensuite par la Hollande et l'Angleterre, n'a pas encore trouvé accès dans les ports de la Méditerranée, à l'exception de Marseille.

Venise et Gênes conservèrent encore pendant quelques siècles leur richesse et leur splendeur ; mais ces ports de mer avaient perdu les bases de leur vitalité le jour même où avait commencé le développement du commerce des Indes. Ce changement ne manqua pas de peser sur le commerce des villes allemandes qui, jusque-là, avaient été l'entrepôt des marchandises du Sud dans leur parcours vers les pays du Nord.

Le commerce, la richesse et la puissance des villes de l'Italie et de l'Allemagne centrale, sont dès lors devenus l'héritage de la Hollande et de l'Angleterre. Ces deux pays, et principalement l'Angleterre, possèdent maintenant des richesses immenses, une industrie remarquable, des ports excellents et de nombreuses colonies. Toutefois, il faut convenir que leur situation géographique leur donne, dans la lutte commerciale, un avantage marqué sur l'Allemagne, aussi longtemps que le commerce d'outre-mer ne pourra s'approcher que du côté occidental de l'Europe.

Toutes ces circonstances subiront peut-être un changement notable, après l'ouverture de l'océan Indien, qui rapprochera l'Europe des Indes et de la Chine, et rendra par conséquent à l'Allemagne son ancienne position d'intermédiaire entre les productions de l'Orient et les marchés du nord de l'Europe.

Le canal de Suez offrira donc à l'Allemagne et à son commerce une plus grande indépendance et un mouvement plus étendu. Il se trouve, par conséquent, appelé à établir une espèce d'équilibre dans le commerce de l'Europe.

Les côtes du nord-ouest de l'Europe seront toujours les plus avantagées pour le commerce occidental ou américain, tandis que les côtes du sud recevront toujours les bâtiments de commerce venant de l'Orient ou d'Asie. Les pays formant le centre de l'Europe se saisiront du commerce d'expédition, qui sera cependant arrêté en quelque sorte par les frais de transport, vu que les tarifs des chemins de fer sont beaucoup plus élevés que ceux des navires, même des bateaux à vapeur.

La cherté de transport par les voies ferrées est un empêchement pour le développement du commerce de la Confédération de l'Allemagne du Nord, dont les marchandises ont toujours pris la route par l'Angleterre, d'où elles sont souvent réexpédiées comme produits anglais dans les pays d'outre-mer.

Du reste, il est plus que probable que le commerce

ne suivra pas uniquement une seule ligne. Maintenant que, par le canal de Suez, une nouvelle voie est ouverte, les ports de la Méditerranée en profiteront tous, et les chemins de fer qui se rallient avec l'Italie feront bientôt, dans leur propre intérêt, des concessions en abaissant leurs tarifs de transit.

Le chemin de fer du mont Cenis n'offre des avantages qu'au commerce spécial entre l'Italie et la France, mais il ne pourra jamais faire transiter toutes les marchandises débarquées à Marseille, le port le plus favorablement situé entre l'Orient et tous les points situés au nord et à l'ouest des Alpes, sans même en excepter Genève. Il est vrai que le port de Gênes est bien plus près de Genève, mais cet avantage est neutralisé par les plus grandes difficultés, que le chemin de fer du mont Cenis aura toujours à surmonter.

Un grand changement s'opérera dans l'état actuel des choses, à partir du moment où le chemin de fer du Saint-Gothard sera établi et pourra rivaliser avec les voies ferrées de la vallée du Rhône et du Brenner. C'est alors que Gênes, possédant tous les moyens d'entrer en concurrence avec les ports florissants de la Méditerranée, pourra accaparer, comme autrefois, le débouché du commerce de l'Allemagne. Son port est excellent et il occupe déjà maintenant le premier rang parmi les ports de l'Italie ; son importance est de beaucoup supérieure à celle de Venise.

En résumé, il y aura trois grandes lignes, qui feront leur jonction avec le canal de Suez : Trieste, ayant le grand mouvement commercial de l'Autriche et de la Hongrie ; Gênes, — après l'ouverture de la ligne du Saint-Gothard, — transitera le commerce direct de la Confédération de l'Allemagne du Nord avec l'Orient ; et enfin Marseille absorbera la plus grande partie du commerce entre l'Asie et l'Europe, qui avait pris jusqu'à présent la route de l'Angleterre. Marseille est, dès à présent même, le port de mer le plus important de la Méditerranée ; mais en étendant son commerce encore au-delà des limites de cette mer, il s'ouvrira un marché important dans l'Amérique du Sud.

On peut donc prédire hardiment que le problème de la grande navigation par le canal de Suez est résolu, que son avenir est assuré de la manière la plus complète et la plus indiscutable. Cette nouvelle voie de communication est un moyen immense de richesse, de développement commercial et de civilisation pour l'Orient.

La réussite incontestable de cette œuvre gigantesque a couronné de lauriers impérissables les auteurs et promoteurs qui l'ont menée à bonne fin.

———

CHAPITRE XI

Les fêtes de l'inauguration du canal à Ismaïlia et au Caire

Entrée solennelle. — Kantara. — Ismaïlia. — Fêtes de jour et de nuit. — Campement de la Mohafza. — Fantasia équestre. — Éclairage féerique. — Bal chez le Khédive. — Continuation du parcours jusqu'à Suez. — Retour au Caire. — Visite au Prince Royal de Prusse. — Représentation gala au Grand-Opéra. — Le musée de Boulaq. — Fête au château de Kasr-el-Nil. — Dispositions pour le départ. — Retour à Alexandrie. — Le café Nettuno. — Installation à bord du Masr. — Départ.

Après avoir parlé du canal au point de vue commercial et civilisateur, je quitte ce sujet pour revenir aux fêtes de l'inauguration.

Quatre à cinq bateaux seulement venaient d'entrer dans le canal au moment même où j'étais dans mon canot, à quelques mètres de son embouchure dans la Méditerranée. Les mille mâts qui s'élevaient dans le port furent tout à coup enveloppés dans un épais nuage. C'était la fumée des canons qui saluaient, à leur entrée dans le canal, les navires de toutes les nations.

Nous regagnâmes en toute hâte la *Rachmanieh* pour ne pas manquer l'heure du départ. En effet, à peine étions-nous à bord que Tonino-Bey revint avec un remorqueur traînant un bateau paré d'une multitude de drapeaux et oriflammes égyptiens. C'est sur ce bateau que nous devions parcourir le canal de Port-Saïd à Suez.

Quelques instants suffirent pour opérer notre transbordement. Après avoir traversé le bassin que nous venions d'explorer, nous dépassons les deux obélisques improvisés. Ces deux monolithes rediront aux siècles futurs la grandeur et la hardiesse de cette œuvre gigantesque, alors même que le canal, comme le prétendent certains esprits chagrins, viendrait à être ensablé. Je n'ai pas besoin de dire que nous entrâmes dans le canal aux acclamations enthousiastes de la foule rassemblée sur la berge, aux cris de joie des personnes à bord des bateaux et de leurs équipages. Passagers, matelots, mousses enviaient notre bonne fortune en nous voyant des premiers entrer dans cette voie, hier encore contestée, aujourd'hui merveille sans seconde dans le pays des merveilles.

Notre remorqueur marchait avec une lenteur désespérante et ne faisait guère que 5 kilomètres à l'heure. Mais cette lenteur même, dont nous nous plaignions, nous faisait jouir d'un spectacle admirable, celui du défilé de presque tous les navires qui nous dépassaient successivement. C'était vraiment quelque chose d'inimaginable que de voir cette quantité infinie de vapeurs dont quelques-uns, tels que *l'América*, ou *l'Europe*, atteignaient les plus grandes dimensions, s'avancer avec une facilité parfaite et une vitesse de 8 kilomètres à l'heure dans les eaux du canal.

Nous avions à bord de notre bateau M. Hagen, ingénieur hydraulique prussien, qui avait apporté avec lui les instruments nécessaires pour des sondages. Il a constaté sous nos yeux que le chenal avait dès à présent, sur toute la longueur, au moins 7 mètres de profondeur. Tous les bruits alarmants, qui avaient été répandus depuis quelques jours, soit par la malveillance, soit pour opérer des coups de Bourse, étaient réduits à néant. L'union des deux mers, à mes yeux comme à ceux de tous les assistants, pouvait désormais être considérée comme un fait accompli.

La lenteur de notre remorqueur était telle que nous fûmes dépassés par presque tous les bateaux. Mais à quelque chose malheur est bon. Nous nous trouvions sur une petite embarcation et étions, par conséquent, les seuls qui pussent continuer notre route pendant la nuit, en nous glissant à côté des grands bâtiments qui avaient jeté l'ancre.

Nous arrivâmes vers la tombée de la nuit à Kantara, où deux inscriptions gigantesques en lettres de feuillage couronnaient les berges ; l'une portait : « *A Ismaïl la ville de Kantara,* » l'autre : « *Vive l'Impératrice!* » Nous nous y arrêtâmes juste le temps nécessaire pour dîner, puis nous continuâmes notre route et nous arrivâmes à quatre heures du matin à Ismaïlia.

Tout y était en repos et dans le calme le plus absolu ; il était donc impossible au maître des cérémonies qui nous accompagnait, de nous indiquer les tentes sous lesquelles nous devions être abrités. Tous les ennuis que nous aurions pu avoir, à un autre moment, en ne sachant pas où être casés, après avoir passé une nuit à la belle étoile, disparaissaient par le fait d'avoir devancé les autres bateaux qui restaient dans le canal.

Une autre compensation, au moins l'égale de la première, c'était la splendeur du lever du soleil. Dans ces contrées où la terre n'offre aucune prise aux rayons solaires, il est impossible de se représenter quelque chose de plus merveilleux dans la nature, que le premier rayon de la lumière : la lumière, la plus belle chose de la création.

En attendant le retour de Tonino-Bey, je m'étais campé sous un palmier, étendu sur mes couvertures et plaids. Bientôt le mouvement général me fit abandonner la position que j'avais choisie.

Le mouvement en Orient, comme je l'ai déjà dit, est accentué de très bonne heure, surtout dans une occasion pareille. Le va-et-vient dans tous les sens que présentait le lac Timsah était donc des plus intéressants à voir. Ce qui donnait un charme tout particulier à ce spectacle, c'était la vue de cette multitude de vaisseaux pavoisés, mouillés dans le lac. Tout présentait l'aspect d'une grande fête et d'une animation générale. De petites barques à vapeur passaient à chaque instant devant nous avec une rapidité incroyable.

Le long du canal se succédaient en nombre infin

des pavillons très richement décorés. Des baraques en bois alternaient avec des maisons, et de loin nous voyions les constructions basses de la ville et les campements que l'on y avait préparés pour recevoir les invités du Khédive.

Tonino-Bey ne revint que vers les huit heures du matin, après nous avoir procuré des moyens de transport pour nos bagages. Mais nous nous étions à peine aperçus de cette longue absence, occupés et ravis que nous étions par le spectacle merveilleux de ce port unique dans son genre.

En nous dirigeant du port à l'endroit où nous devions camper ou loger, nous traversâmes une partie de cette ville qui n'existe, pour ainsi dire, que d'hier. Ismaïlia offre un caractère très pittoresque. Dès aujourd'hui on peut y admirer des palais d'une grandeur imposante ; de plus, de fort belles constructions destinées aux fonctionnaires de l'État et aux employés du canal. Jusqu'à ce jour il n'y a pourtant qu'un quartier habité. Le reste n'est absolument qu'une ville improvisée pour la circonstance. Personne ne doute cependant que le plan tracé ne soit bientôt mis à exécution. L'*Avenue de l'Impératrice*, l'*avenue François-Joseph*, l'*avenue du Prince de Prusse* seront, dans peu d'années, autrement visibles que par les lettres gigantesques imprimées sur des bandes de calicot qui en montrent aujourd'hui le tracé.

Tout, à Ismaïlia, était organisé avec le meilleur ordre et une régularité parfaite. Sur un grand espace sablonneux, « la Mohafza, » se trouvait le campement. Les tentes étaient disposées pour abriter trois personnes, qui avaient le choix de se grouper d'après leur convenance. La tente n° 54 m'était échue en partage avec le baron de Korff et le docteur Guessfeld. Nous y trouvâmes trois matelas, trois couvertures et un lavabo. Nous avions dans nos colis de quoi compléter cet ameublement un peu trop élémentaire pour moi, qui n'avais jamais campé ou bivouaqué.

Si tous les campements, surtout les campements militaires, ressemblaient au nôtre, il n'y aurait pas trop à s'apitoyer sur le sort des enfants de Bellone.

Le camp était divisé en quartiers. A la tête de chacun de ces quartiers était préposé un commissaire tenant un registre sur lequel se trouvaient couchés les noms des habitants de chaque tente. Dans le cas de réclamations, on allait ou on pouvait aller s'adresser à *monsieur le commissaire*.

Pour l'Égypte, cette organisation de campement était certes très satisfaisante ; nous le déclarâmes à l'unanimité parfaite, lorsque nous vîmes, de nos yeux, le prosaïque détail suivant. Non-seulement dans le palais, mais encore dans tous les alentours du gouverneur, se trouvaient dressées de vastes tentes sous lesquelles étaient à leur tour dressés d'immenses buffets, buffets en permanence où l'on pouvait du matin au soir se faire servir les mets les plus succulents et les vins les plus recherchés.

Après avoir marqué une place dans notre tente n° 54 et fait quelques ablutions, sinon musulmanes, au moins hygiéniques, je me hâtai de me porter sur tous les points de cette ville improvisée. Toute la journée était vouée à la fête qui devait se prolonger jusque bien avant dans la nuit. Le Khédive, voulant donner un éclat extraordinaire à cette fête, avait convoqué ce soir, dans un château construit dans l'espace de trois mois de temps, les souverains, princes et invités, à un bal véritablement extraordinaire, et plus extraordinaire encore par les proportions grandioses du palais où ce bal avait lieu.

La grande plaine qui s'étend entre le lac Timsah et le canal était occupée par les députations des tribus arabes du désert libyque. Les toiles de ces tentes présentaient les couleurs les plus variées et les plus éclatantes. A l'intérieur se trouvait prodigué tout le luxe de l'Orient : riches tapis, armes précieuses, cristaux et une foule de menus objets tous dignes d'attirer les regards et l'attention des curieux.

D'une tente à l'autre se croisaient des invitations adressées aux promeneurs. Partout on était reçu avec la plus franche hospitalité. Le chibouc, le café, quelquefois les sorbets, nous étaient offerts avec une bonne grâce parfaite. Les chefs, enveloppés dans de grands et vastes bournous blancs, entourés de leurs vassaux et de leurs serviteurs, étaient généralement assis devant leurs tentes entourées d'une foule d'Arabes, de marchands et de saltimbanques.

Son Altesse le Khédive avait demandé aux chefs de ces tribus nomades l'exécution d'une grande fantasia équestre en l'honneur de ses augustes hôtes.

Des troupes de cavalerie et d'infanterie égyptiennes formaient une longue haie, du port jusqu'à la plaine, où cette fantasia devait avoir lieu, et de 50 mètres à 50 mètres se trouvaient espacés des groupes de musiciens indigènes qui exécutaient sur des tambourins, flûtes et grosses caisses, des morceaux de musique *nationale*. Je n'ai pas fait un assez long séjour en Orient pour me permettre de porter un jugement sur ces productions.

Un régiment d'infanterie en très belle tenue, précédant un régiment de lanciers montant des chevaux forts et vigoureux, vint se ranger encore pour former la haie, au milieu de laquelle devaient passer les hauts personnages.

L'Impératrice qui, pendant la matinée, avait parcouru les principales avenues de la ville, montée sur un chameau blanc, avait pris place dans la première voiture, ayant à sa gauche l'Empereur d'Autriche. Dans la seconde se trouvaient le Prince Royal de Prusse avec la Princesse des Pays-Bas. La troisième voiture, un *panier à salade,* était conduite par le Khédive lui-même. Le Vice-Roi avait à côté de lui son fils aîné Tewfik-Pacha.

La cortége se dirigea du côté de la grande plaine où la fête équestre devait avoir lieu. Il va sans dire que la plupart des invités s'étaient dirigés de ce côté pour assister à ces évolutions uniques dans leur genre. Un millier de cavaliers d'élite au moins prirent part à cette fantasia. Pour une occasion aussi solennelle les Arabes avaient mis au jour leurs selles les plus riches et couvert leurs dromadaires de leurs plus somptueux harnais. Pendant plusieurs heures ces différents groupes entremêlés suivaient les évolutions calculées de la fantasia, emportés par cette ardeur fébrile de l'Arabe qui manie les armes avec une adresse surprenante, excités par le bruit des armes à feu et par l'enivrement de la lutte simulée, par le tournoiement des chevaux, présentèrent le spectacle le plus brillant et le plus varié.

Le Vice-Roi donna plusieurs fois le signal de recommencer telle ou telle évolution, qui semblait intéresser tout particulièrement ses hôtes. Sans en avoir été témoin oculaire, il est impossible de se rendre compte du coup d'œil qu'offrait ce spectacle. Rien de plus ravissant que de voir les attaques des Bédouins sur des dromadaires, se lançant avec la rapidité de l'éclair, agitant en l'air leurs longs mousquets, poussant des cris d'allégresse et laissant flotter au vent leurs burnous blancs, leurs couffis et leurs écharpes multicolores.

Immédiatement après le coucher du soleil, toute la ville fut illuminée comme par enchantement et cela de la façon la plus brillante. Tous les navires mouillés dans le lac de Timsah étaient pareillement illuminés au moyen de lanternes attachées le long des mâts et des cordages. Le reflet de toutes ces lumières dans les eaux limpides du canal produisait un effet vraiment féerique.

Les rues d'Ismaïlia, ressemblant à des rivières de feu, animées par les Arabes et les Bédouins revêtus de leurs costumes aussi pittoresques que riches, offraient un spectacle que personne de nous n'avait certainement encore vu. Qu'on se figure l'arrangement de la place de la Concorde, à la fête du 15 août, et toute la ville d'Ismaïlia transformée ainsi en aspect de fête, on pourra alors se former une idée de ce qu'était cette illumination grandiose.

A partir du commencement de la nuit jusqu'à la fin de la fête, on ne cessa de tirer, aux quatre coins de la ville, des feux d'artifice splendides, tandis que sur d'autres points, les feux de Bengale projetaient dans toutes les directions leurs lueurs rouges, bleues, vertes, amarantes, et arrachaient des cris enthousiastes à la foule émerveillée.

Mais cette soirée enchanteresse devait se terminer par un bal monstre, que le Vice-Roi donnait dans son palais.

L'entrée de cette résidence royale était superbe, la décoration ravissante. Elle ne se composait que de fleurs et de lumières. Peut-on rien imaginer de plus gracieux que ces deux auxiliaires principaux pour une fête? L'intérieur du palais avait été achevé une heure avant l'ouverture du bal. Des milliers de bougies, contenues dans d'immenses lustres de cristal, éclairaient les salles dont les murs étaient ornés de glaces d'une grandeur colossale. Les salles réunissaient tous les augustes hôtes de l'Égypte; on y pouvait voir toutes les décorations et tous les uniformes de l'Europe et de l'Orient. Quatre à cinq mille personnes se trouvaient entassées (*sic*) dans ces salles; j'aurais bien voulu dire circulaient, mais la circulation était réellement de toute impossibilité. Le palais et ses salons, quoique vastes, n'étaient pas assez grands pour contenir tant de monde, et pourtant l'Impératrice, conduite par l'Empereur d'Autriche, et les autres hauts personnages, firent le tour de toutes les salles.

On entendit à différentes reprises l'orchestre jouer des airs de danse, mais les plus intrépides danseurs ne purent parvenir à exécuter une seule figure.

Une salle immense, partagée en deux par une séparation très gracieuse de branches de palmiers et de bananiers, servait de salle de festin. Les tables magnifiquement dressées furent envahies une bonne heure avant le commencement du souper. En Égypte comme ailleurs, pour bien des personnes, une fête ne serait pas complète si elle ne se terminait par un repas copieux.

Aussi, pour l'observateur, ne fut-ce pas une des particularités les moins intéressantes de ces fêtes, que de voir avec quelle vigueur les plats, même de résistance, furent attaqués.

La cour, après avoir soupé dans la partie réservée de cette salle, quitta la fête vers minuit, après avoir encore jeté un coup d'œil sur le spectacle magique de la réunion de tant de brillants uniformes, mêlés aux riches costumes des cheiks, vêtus de grands cafetans avec des ceintures enrichies d'or et de pierres précieuses. Des centaines de porteurs de torches couraient devant les attelages des augustes hôtes, pour les reconduire ainsi jusqu'à l'endroit où ils s'embarquaient pour regagner leurs navires, où ils passèrent la nuit.

Au même moment, je quittai la salle du festin. Revenu sous ma tente, j'y trouvai mes deux camarades déjà plongés dans le plus profond sommeil. Le grand jour seul mit fin à cette fête royale.

Le lendemain de la fête d'Ismaïlia, c'est-à-dire le 19 novembre, nous devions continuer notre voyage sur le canal jusqu'à Suez.

Malgré les fatigues des jours précédents et les incommodités de notre campement, je quittai avec regret cette merveilleuse ville d'Ismaïlia, à laquelle un si brillant avenir est assuré désormais.

Suivant le programme, les bateaux se mirent en

marche pour continuer leur route le long du canal jusqu'à Suez. J'ai donné dans le chapitre précédent une description de la topographie du canal, je puis donc me borner à mentionner ici que tous les navires mis en marche pour Suez ont parfaitement franchi tous les points désignés comme écueils. Il est évident que les personnes placées sur de petites embarcations avaient la bonne chance d'arriver le soir même au lieu de leur destination. Ainsi, *l'Irana*, partie d'Ismaïlia à dix heures, était déjà, à cinq heures du soir, en vue de Suez, et l'on pouvait alors voir les navires continuer à arriver les uns après les autres à Suez, où un nouvel éclairage et un nouveau feu d'artifice fêtaient le passage des navires qui avaient franchi le canal.

Le trajet d'Ismaïlia à Suez n'avait offert aucun incident remarquable ; la flotte, après avoir passé le Sérapéum et les lacs Amers, est arrivée dans la rade de Suez. Les souverains, les princes, le public entier partagèrent la joie dont le Khédive était pénétré. Ces trois jours de triomphe resteront éternellement gravés dans la mémoire de Son Altesse et de M. de Lesseps, qui recueillait les honneurs dus à son labeur persévérant.

Comme il était entièrement à notre discrétion de

choisir pour nous en retourner au Caire la voie qui nous semblait la plus opportune, je me décidai pour la voie ferrée. Ayant aperçu Tonino-Bey dans le compartiment d'un train spécial, M. Hübner et moi nous nous adressâmes à lui, et c'est avec son obligeance proverbiale qu'il mit deux places à notre disposition. Ainsi, nous effectuâmes notre retour au Caire promptement, devançant de beaucoup la plupart de nos compagnons de voyage. Cette circonstance nous était d'autant plus favorable, que nous trouvâmes facilement à nous loger à l'hôtel d'Orient, où le propriétaire m'avait réservé une chambre. C'était une attention d'autant plus délicate, que la plupart des arrivants ne savaient plus où se loger.

Lorsque nous arrivâmes au Caire, nous eûmes à subir une véritable avalanche de questions de la part de tous les quêteurs de nouvelles, qui n'avaient pu assister à l'inauguration du canal proprement dite. Au moment même ou toute la flotte de bâtiments parcourait avec sécurité le canal de Port-Saïd à Suez, circulaient les bruits les plus alarmants sur l'œuvre de M. de Lesseps. Ces bruits ne furent pas répandus en Égypte seulement, ils furent répétés sur les principales places de l'Europe, dans des intentions qu'il est facile de deviner. On voulait faire baisser les actions du canal au moment même où une hausse considérable leur semblait assurée.

Il y avait, le soir même de notre arrivée au Caire, représentation gala au Grand-Opéra Italien. Mon excellent ami M. Kramer, arrivé au Caire pendant mon absence, m'avait procuré un billet pour cette soirée théâtrale. Je ne m'y rendis qu'assez tard. Son Altesse Royale le Prince Royal de Prusse, revenu de Suez, voulait repartir de grand matin avec sa suite pour la Haute-Égypte, dans des bateaux que le Vice-Roi avait mis à sa disposition.

Je pris en toute hâte une voiture avec M. Hübner, et, précédés d'un saïs muni de torches, nous parcourûmes avec une rapidité très grande les avenues, nous dirigeant au château de Kasr-el-Nil, devant lequel le bateau royal se trouvait amarré. Son Altesse Royale daigna nous recevoir pour lui présenter nos hommages avant son départ. Le Prince Royal, avec la bienveillance et la grâce qu'il possède à un si haut degré, nous garda plus d'une demi-heure auprès de lui. La conversation roula surtout sur les merveilles dont Son Altesse Royale avait été témoin, et sur ce qui lui était réservé de voir maintenant dans la Haute-

Égypte, que nous venions de quitter. En prenant congé du Prince, Son Altesse Royale ne me dit pas adieu, mais au revoir. Je ne me doutais nullement, en entendant ces paroles de la bouche du Prince, qu'elles dussent se réaliser sous peu de temps. Personne de nous ne savait, à ce moment, que Son Altesse Royale passerait par Paris en retournant à Berlin.

Je vis dans la suite du Prince M. le professeur Lepsius et le docteur Dumichen, qui avaient été désignés pour accompagner l'héritier du trône de Prusse, comme savants spécialistes, dans ce voyage. En prenant congé de M. Lepsius, je lui réitérai mes remercîments pour le bienveillant intérêt qu'il nous a voué pendant le temps de notre voyage.

Après avoir quitté le Prince, je me rendis, en toute hâte, au Grand-Opéra. Toutes les rues, places, carrefours que je traversai étaient illuminés ; des hauteurs de la citadelle brillaient dans les airs les pièces variées d'un splendide feu d'artifice. Partout fête et joie, la gaîté sur les visages et le contentement dans les cœurs ! Rien de plus beau et de plus touchant que la satisfaction et le bonheur répandus dans toutes les classes de la société. Pour rendre la fête complète, le Khédive avait fait donner un accès gratuit dans toutes les baraques brillamment éclairées où l'on exécutait des fantasias, des danses et des morceaux de musique, sur toutes les places du Caire.

La représentation gala n'avait pas attiré le nombre de spectateurs qu'on aurait attendu, d'après la difficulté de se procurer des billets. Les Européens parisiens, berlinois ou viennois, blasés en fait de représentations théâtrales, avaient préféré voir le spectacle si animé et si féerique que présentait la ville. Ce fut néanmoins avec un vrai plaisir que j'examinai cette salle construite pour cette saison d'hiver et qu'on avait inaugurée pendant notre voyage dans la Haute-Égypte. La salle est grande, elle possède quatre rangs de loges fond blanc et or. Tout y est frais et plein de goût. On jouait ce soir le *Trouvère*. Décors et costumes étaient de Paris, c'est tout dire. Les artistes, recrutés par Dranet-Bey (intendant des spectacles) sur les meilleurs scènes de France et d'Italie, étaient à la hauteur de leur tâche.

Après avoir entendu un acte du *Trouvère*, je quittai le théâtre pour me mêler à la foule, voir et admirer l'illumination des arcs de triomphe et des rues qui, toutes éclairées, ressemblaient à de longues files de feu. Le spectacle que nous avions sous les yeux est impossible partout ailleurs qu'en Orient.

J'utilisai la matinée du 21 novembre à visiter d'abord le musée de Boulaq que je n'avais pu voir lors de mon premier séjour au Caire. Ce musée, fondé en 1864, a été agrandi et augmenté par suite des fouilles permanentes qui se font en Egypte. On y a aussi réuni les objets et curiosités que l'Égypte avait envoyés à l'Exposition de Paris. La collection totale, se composant de 420 stèles et inscriptions, de 32 séries complètes de vases canapes (en tout 128 vases), 16 sarcophages de pierre, 67 momies et cercueils de momies, 130 statues de toutes époques, est placée sous la direction de M. Mariette-Bey, chargé, à titre de directeur général, de rassembler et conserver les antiquités de l'Égypte.

La salle des bijoux est certes une des plus belles. On peut y admirer les objets précieux découverts avec la momie de la reine Aah-Hotep (XVIIIe dynastie). Ces bijoux, découverts à Thèbes, forment la partie la plus riche et la plus intéressante de la collection ; cependant une quantité considérable de joyaux ou objets de luxe ont été découverts en différents endroits et appartiennent à des époques diverses. On y remarque des bracelets, des diadèmes, chaînes, poignards avec fourreaux en or, colliers, anneaux ; des collections de bagues excessivement riches, des colliers de scarabées.

Le musée de Boulaq est le seul qui possède le plus bel ensemble de monuments de l'ancien empire, et on peut dire que dans cette collection se trouvent groupés tous les monuments scientifiques. On promet prochainement l'ouverture d'une nouvelle salle, où seront exposées d'autres curiosités récemment entrées dans la collection du musée, comme la pierre de Sân, etc., etc. Ce musée a donc encore un avenir très considérable et sera fréquenté par les archéologues de tous les pays pour y faire des études sérieuses et importantes. J'avoue qu'au retour de la Haute-Égypte, et après avoir visité Thèbes, Edfou, Abydos, etc., je trouvais beaucoup plus d'attrait à contempler la collection des curiosités provenant des fouilles pratiquées dans ces ruines, qu'à une époque où je ne les connaissais que de nom. Ces objets avaient maintenant une valeur à mes yeux, que je ne leur aurais pas attribuée autrefois, et j'ai été réellement très satisfait d'avoir visité, avant de quitter l'Égypte, cette collection aussi remarquable par sa richesse que par son organisation systématique.

Je fis dans la journée une visite à Ali-Pacha, en compagnie de mon ami M. Kramer, et je présentai à Son Excellence mon compagnon de voyage, M. Hübner. Nous fûmes reçus avec la charmante urbanité qui caractérise à un si haut degré Ali-Pacha. Malgré de nombreuses occupations suscitées par les arrangements et dispositions à prendre pour les courses qui devaient avoir lieu le lendemain dans la plaine de l'Abbasieh, Ali-Pacha ne voulut pas nous laisser partir. Pendant que nous nous trouvions chez lui, il eut à plusieurs reprises à recevoir des personnes qui avaient à lui parler, relativement à la fête équestre qui se donnait en l'honneur des invités du Khédive. Nous obtînmes enfin la permission de nous retirer.

C'est le soir du 21 novembre qu'avait lieu, au palais de Kasr-el-Nil, la grande fête que le Khédive donnait au Caire, à l'occasion de l'inauguration solennelle du canal.

L'illumination de l'avenue du château pouvait être comparée à une rivière de lumières. Des fellahs, tenant des torches allumées, formaient une haie vivante et éclairée au milieu de laquelle s'avançaient les voitures de la cour, mises à notre disposition. Ces équipages étaient précédés de saïs, aussi munis de flambeaux et qui couraient en criant de toutes leurs forces : « Jallah, guarda ! » A ces cris la foule se retirait respectueusement pour nous livrer passage.

Sur la vaste place située devant le palais, s'élevaient des arcs de triomphe, à travers lesquels on arrivait dans un square de fleurs, entouré d'arbres aux branches desquelles étaient suspendus des ballons de mille couleurs et brillamment éclairés.

En entrant dans les salles du château, nous fûmes reçus par des maîtres de cérémonies chargés de souhaiter la bienvenue aux arrivants au nom du Khédive. Parmi ces fonctionnaires je reconnus aussi Tonino-Bey, notre fidèle et charmant compagnon. Les salles, salons et galeries de ce palais étaient gracieusement décorés de palmes et de plantes exotiques, qui exhalaient un parfum délicieux. Plusieurs salons, tendus des étoffes les plus riches, étaient réservés pour la cour. Le Khédive attendait son auguste hôte, l'Empereur d'Autriche, qui avait promis d'assister à cette fête. L'Impératrice Eugénie avait repris, de Suez, le chemin du canal à bord de *l'Aigle*, pour s'en retourner en Europe par Port-Saïd, sans revenir au Caire.

Les proportions de ce palais sont bien plus vastes que celles du château d'Ismaïlia ; aussi les invités circulaient-ils parfaitement à leur aise. Du reste, il n'y avait pas une affluence aussi considérable qu'à l'autre fête, et, de plus, le Khédive avait fait ajouter pour la circonstance une salle immense dans laquelle on se livrait aux plaisirs de la danse.

Peu d'instants après l'ouverture du bal, l'Empereur d'Autriche y fit son entrée. Sa Majesté Apostolique était à côté du Khédive et accompagnée d'une suite nombreuse, dans laquelle on remarquait surtout le comte de Beust. Les hauts personnages firent immédiatement une tournée dans les salons en adressant la parole aux personnes qui leur étaient connues.

Ce bal était surtout remarquable par la réunion de brillantes toilettes, l'immense quantité de fleurs et de diamants, d'étoffes brodées, de décorations, et la richesse des uniformes, — enfin tout le luxe imaginable de l'Orient.

J'eus le plaisir de rencontrer à cette fête M. le baron de Keudel, conseiller intime de légation au département des affaires étrangères de Prusse, que j'avais vainement cherché à découvrir à Ismaïlia, et je fus très heureux de pouvoir échanger quelques paroles avec cet homme d'État, qui m'a toujours porté grand intérêt.

Tous les hauts fonctionnaires de l'Égypte étaient invités à cette fête, les ministres, les pachas, les dignitaires de la couronne, etc.

A minuit, Son Altesse le Khédive se dirigea vers les salles du souper et, à partir de ce moment, les invités prenaient place et s'asseyaient à de longues tables richement dressées, où le souper était servi sans interruption jusqu'à la fin de la fête.

En quittant le palais du Vice-Roi, à une heure du matin, les rues du Caire étaient encore illuminées. Sur les places on entendait encore les sons joyeux de la musique des fantasias et on voyait les Arabes se livrer à leurs danses nationales. De loin on voyait s'élever vers le ciel les fusées d'un feu d'artifice, aspect qui rendait cette nuit mémorable du 21 novembre encore plus merveilleuse.

Ainsi se termina cette fête remarquable dont je conserverai toujours le souvenir le plus vivace.

Une fois les fêtes terminées, il s'agissait de songer au départ pour l'Europe, de quitter cette terre hospitalière, ce pays merveilleux où, dans un espace de quelques semaines, j'ai vu tant de choses extraordinaires et où un monde nouveau s'était ouvert devant moi. Il fallait prendre des mesures afin de se faire inscrire pour le départ, vu la grande affluence des invités et des voyageurs qui se disposaient aussi à partir, et pour ne pas être obligé d'attendre jusqu'à une époque plus reculée.

Au bal de Kasr-el-Nil, j'appris par Colucci-Bey (préfet d'Alexandrie), que Son Altesse le Khédive avait fait mettre son magnifique bateau à vapeur, *le*

Masr, à la disposition d'une partie de ses invités pour les faire reconduire d'Alexandrie à Brindisi. Comme il entrait précisément dans mes projets de ne pas suivre la route que j'avais prise en venant, et de m'en retourner à Paris par la route d'Italie, je fus très reconnaissant à Colucci-Bey, qui voulut bien me faire inscrire, d'après mes désirs, sur la liste des partants par le *Masr*. Comme ce bateau se trouvait en partance à Alexandrie, je pris mes dispositions pour partir dès le lendemain. Je fis donc mes visites d'adieu et je pus me convaincre que l'hospitalité orientale n'est pas une vaine parole. Les hauts fonctionnaires ne voulaient absolument pas me laisser partir et m'engageaient chaudement à rester, et tâchaient de me retenir encore pendant plus longtemps au Caire. D'après leur dire les fêtes devaient se succéder encore pendant longtemps de la même manière, car la munificence et la générosité du Khédive sont sans bornes.

Malgré leurs instances réitérées, mon parti était pris et, après avoir fait une course à travers le Mouski et les bazars, je fis mes derniers préparatifs pour le départ. Le 22 novembre fut la dernière journée que je passai au Caire, et le 23, de grand matin, je partis pour Alexandrie où je trouvai déjà plusieurs de nos anciens compagnons de voyage réunis, qui s'étaient rendus du canal de Suez à Alexandrie et installés dans l'hôtel de l'Europe. Cette fois l'affluence n'y était pas aussi grande, quoique l'hôtel ne manquât pas de voyageurs, et nous étions tous parfaitement logés.

Notre premier soin fut de nous occuper des dispositions à prendre pour notre voyage de retour, et nous apprîmes alors, à notre grand étonnement, que le jour de notre départ n'était pas définitivement fixé ; qu'on attendait encore des ordres à cet égard du Caire et l'arrivée d'un plus grand nombre de passagers qui suivraient l'une ou l'autre des deux lignes, car outre le *Masr*, le bateau à vapeur *la Péluse*, des Messageries impériales, avait été retenu par le gouvernement égyptien pour ramener en France ceux des invités qui préféreraient prendre la route de Marseille.

Il nous fallut attendre trois jours le départ de notre bateau, lesquels furent principalement employés à visiter ceux des monuments, etc., que nous n'avions pas vus à notre premier passage, et nous employâmes aussi le temps qui nous restait, avant de quitter la dernière ville de l'Orient, à aller visiter les curieux bazars arméniens et tunisiens, où l'on trouve les burnous les plus riches et les plus élégants, d'une beauté surtout remarquable par les broderies en or et en soie reproduisant des versets du Coran, travaux exécutés avec un goût exquis, et qui contrastent essentiellement avec les imitations que l'on rencontre si souvent en Europe.

La magnifique bibliothèque de l'Institut égyptien, qui se trouve dans le palais Tozizza, est digne d'être vue. Elle est placée sous la direction de Colucci-Bey. Il nous fut donc très facile d'y pénétrer. Cette bibliothèque contient des manuscrits très rares et des ouvrages remarquables envoyés par des correspondants de cet institut scientifique de toutes les villes d'Europe.

Tout près du port se trouve, au bord de la mer, le palais *Ras-el-Tin*, résidence d'été du Vice-Roi. Une colonnade magnifique conduit du palais jusqu'à la mer. On remarque dans ce palais, construit sous le règne de Méhémet-Ali, un escalier vaste et spacieux, en marbre de Carare, qui conduit à la salle d'audience. Les décorations des plafonds et des parquets attirent particulièrement l'attention du visiteur.

Je ne puis m'empêcher de mentionner les heures de délassement et de *dolce far niente* que j'ai passé à Alexandrie, au *café Nettuno*.

De la place des Consuls conduisait une ruelle étroite à un endroit où la mer forme une sinuosité et où se trouvent les terrasses de ce café. Après les fêtes qui s'étaient succédé sans interruption, après les voyages et les déplacements continuels, quelquefois un peu fatigants ; après le bruit et le tumulte immenses occasionnés par la réunion de tant de monde, au milieu duquel je me trouvais depuis bientôt deux mois, le calme que l'on éprouvait au bord de la mer, voir, contempler ce beau ciel éternellement bleu, cette Méditerranée si claire et si limpide, formait un tel contraste, que la nature nous invitait aux plus douces rêveries. Pendant tout le temps de mon dernier séjour à Alexandrie, j'allai passer une heure au café Nettuno pour y respirer l'air frais et pur de la mer.

Nous étions maintenant fin novembre, mais assis, en vêtements d'été, au bord de la mer, on aurait pu se croire transporté à Biarritz en septembre. C'est dans ce café que je conçus, avec le baron de Korff et M. Hübner, le projet de retourner ensemble en Europe par l'Italie. Comme nous avions à peu près le même laps de temps à notre disposition, nous tombâmes facilement d'accord. Il s'agissait avant tout de fixer un itinéraire, et nous nous abandonnâmes en pleine confiance à l'expérience de M. Hübner qui avait déjà fait, à différentes reprises, le voyage du sud de l'Italie, tandis que je ne connaissais que le nord de cette péninsule.

Nous apprîmes que les fêtes officielles du Caire venaient de se terminer. L'Empereur d'Autriche avait pris congé du Khédive et était attendu le jeudi 25 novembre à Alexandrie. On nous fit dire aussi que le bateau le *Masr* lèverait alors l'ancre et prendrait le large. Nous quittâmes la place des Consuls (où l'hôtel de l'Europe est situé) avec ses passages *Bismarck*, *Cavour* et *Napier*, ses édifices orientaux et européens, et le même soir nous nous trouvions déjà installés à bord du bateau le *Masr*, à bord duquel nous devions passer trois jours et trois nuits.

Avant la tombée de la nuit, nous vîmes s'approcher un grand bâtiment de guerre. Il entra dans la rade d'Alexandrie aux sons de l'hymne national prussien. C'était le trois-mâts *Élisabeth*, venant de Port-Saïd. Ce bâtiment vint se placer presque à côté du *Masr*, qui portait la plupart des invités allemands du Khédive. A son entrée dans le port, il hissa sur le grand mât le pavillon égyptien et le salua par le nombre réglementaire de coups de canon. Je n'ai jamais éprouvé sur terre, d'une manière aussi vive, la commotion qu'on ressent par la décharge de fortes pièces d'artillerie. La citadelle d'Alexandrie répondit immédiatement à ce salut par un nombre égal de coups. Cette cérémonie terminée, l'*Élisabeth* baissa le pavillon égyptien, et arbora, outre le pavillon de guerre de la Confédération de l'Allemagne du Nord, tous les agrès et signes de fête. Pendant la soirée, tous les navires qui se trouvaient dans le port avaient illuminé. Alexandrie, vue de la rade où nous étions stationnés, offrait un coup d'œil ravissant.

Le lendemain, 26 novembre, à onze heures du matin, nous levions l'ancre, et une demi-heure après, nous avions perdu de vue le sol égyptien qui nous avait reçu avec une hospitalité splendide et sans égale.

CHAPITRE XII

Retour à Paris par l'Italie

A bord du « Masr ». — Brindisi. — Naples. — Rome. — Cérémonie de l'ouverture solennelle du concile. — Florence. — Bologne. — Turin.

Il aurait peut-être fallu clore ce récit au moment où je quittai l'Égypte après un séjour de près de deux mois. Cependant, comme appendice, je voudrais donner une courte description de mon voyage de retour par l'Italie, que j'ai parcourue à vol d'oiseau.

Nous quittâmes Alexandrie par un temps magnifique et la température la plus douce. Toute notre traversée s'effectua sous l'influence d'un calme parfait. La mer ressemblait vraiment à une vaste glace où l'œil le plus exercé ne pouvait découvrir d'autres ondulations que celles du sillage de notre navire. Notre installation sur le *Masr*, commandé par un capitaine de vaisseau d'origine autrichienne, ne pouvait soulever aucun reproche. Ce bateau, plus grand que le *Mœris*, filait avec une vitesse extrême, de sorte que nous arrivâmes à Brindisi, endroit de notre destination, plusieurs heures avant le temps réglementaire fixé généralement pour la traversée. L'équipage ne se composait que d'Arabes. Le commandement diffère de celui des autres bâtiments, en ce sens qu'il se fait par les coups de sifflet les plus variés, et qui sont communiqués par les chefs aux subordonnés, et ainsi de suite, de sorte que l'on se croirait par moment dans une immense volière où l'on élève des oiseaux. Il ne faut pas croire cependant que la discipline soit moins sévèrement observée, bien au contraire. Je crois que les mesures rigoureuses que l'on emploie pour maintenir l'ordre sont d'autant plus strictes que les Arabes, quoique d'un caractère très doux, veulent être menés avec sévérité. J'ai vu le capitaine dans l'obligation de sévir avec rigueur contre plusieurs matelots fautifs : les plus coupables furent punis de coups de corde. On couche alors l'inculpé sur le plancher, et, maintenu par deux Arabes, un troisième lui administre le nombre de coups auxquels il a été condamné. Malgré les supplications du patient, l'exécuteur frappe dru et sans s'émouvoir. Fier de la mission qui lui est dévolue, il s'acquitte de sa tâche avec d'autant plus d'entrain, que celui qui est marteau aujourd'hui sera peut-être enclume demain. Le plus récalcitrant fut, de plus, mis aux fers et jeté à fond de cale pour y rester jusqu'au jour de notre arrivée à Brindisi. Il recevait cependant tous les matins et tous les soirs la visite d'un contre-maître, dont le but n'était pas de s'occuper de sa précieuse santé, mais de lui administrer, comme réveil-matin ou somnifère, une douzaine de coups de knout!

L'installation dans nos cabines était réellement très commode. Outre d'excellents lits, elles contenaient tout le confort imaginable. Un commissaire du gouvernement égyptien était à notre bord, faisant les honneurs au nom du Khédive. J'ai déjà mentionné que ce bateau est la propriété du Khédive. Le luxe avec lequel ce steamer est monté n'a donc rien de surprenant. Les panneaux de la salle à manger sont en bois sculpté, représentant des sujets de chasse, de gastronomie, ou bien des fruits, etc.

Samedi, 27 novembre, nous longions l'île de Crète, dont les contours irréguliers, avec des caps et des golfes profonds, se sont offerts pendant plusieurs heures à nos regards. Cette île, traversée par une chaîne de montagnes élevées et couronnée par le mont Ida, d'une hauteur de 2,338 mètres au-dessus du niveau de la mer, a surtout excité notre curiosité par la réputation qu'elle s'est acquise à la suite des fréquentes insurrections dont elle a été le théâtre.

Après avoir quitté les eaux de l'île de Candie, nous remarquâmes un changement très notable dans l'atmosphère. Au fur et à mesure que nous avancions vers le nord, nous trouvions la température très refroidie, et pourtant nous nous rapprochions des parages les plus méridionaux de l'Italie. Nous nous étions vite faits à la chaleur intense de la Haute-Égypte. Quinze jours auparavant, nous jouissions encore d'une température de 40 degrés. Il ne faut donc pas trouver extraordinaire que cette température, relativement très douce, nous parût assez fraîche.

La route que nous parcourons déroule sous nos yeux un panorama des plus magnifiques. C'est à peine si l'on reste quelques heures en n'ayant comme point de contemplation que les eaux bleues et si limpides de la Méditerranée.

Ainsi le 28 novembre, à peine avons-nous perdu de vue l'île de *Zante* avec ses collines escarpées et ses sources d'origine volcanique (une des raisons probablement des tremblements de terre si fréquents dans ces contrées) que déjà nous apercevons les côtes de *Céphalonie*, la plus grande des îles Ioniennes; elle a 190 kilomètres de circonférence, et tout le long de la mer on aperçoit une chaine de montagnes dominée par le *Monte-Nero*.

Nous étions encore sous l'impression produite par la grandeur de ce paysage, et le soleil n'était pas encore couché, que déjà nous apercevions Corfou, dont l'aspect est si enchanteur.

Nous entrons le 29 novembre, de grand matin, dans le canal d'Otrante. Une suite continue de pics sauvages et sombres nous désigne les côtes de l'Albanie, et à sept heures du matin nous avons en vue le port de Brindisi.

Peu de temps après, nous entrons dans ce port, qui aura certes, un jour, une très grande importance.

Nous voilà maintenant en Europe, sur le sol italien. Malgré tout le plaisir que nous avions eu à faire cet intéressant voyage, nous étions tous très satisfaits de nous retrouver pour ainsi dire rapatriés. Je m'attendais à trouver au midi de l'Italie un temps doux et agréable, mais de ce côte mes espérances ont été bien déçues. On croit généralement que c'est en hiver qu'il faut se rendre au midi de l'Italie, et ne jamais choisir l'été pour ces excursions ; mieux vaut mille fois avoir chaud que de greloter dans des maisons qui ne sont pas organisées pour le chauffage.

BRINDISI n'a de curieux que la maison où Virgile

mourut, l'an 19 avant J.-C., et que l'on nous a fait voir. Une promenade sur les fortifications, pour arriver à la gare du chemin de fer, ne manque pas de charme. Du reste, presque tout le temps que nous demeurâmes à Brindisi fut employé à prendre les dispositions pour la continuation de notre voyage, car autant de têtes, autant de vœux exprimés. Aussi le commissaire du gouvernement égyptien avait-il une besogne assez rude à démêler les fils de cet imbroglio.

Le 29 novembre, à sept heures du soir, je quittai Brindisi par la voie du train express, pour me rendre à Naples. La plus grande partie du trajet s'effectue en longeant les bords de l'Adriatique. Un peu après minuit, ceux d'entre nous qui sommeillaient furent réveillés en sursaut par les cris très accentués et répétés de : *Si cambia convoglio per Napoli*. Nous abandonnâmes, tout effarés, nos coupés pour prendre place dans un train qui depuis longtemps déjà attendait notre arrivée. Le transbordement des voyageurs ainsi que des colis opéré, nous continuons paisiblement notre route de Foggia jusqu'à Santo-Spirito, dernière station de la voie ferrée.

À partir de Santo-Spirito, ce n'est ni le souffle de la vapeur ni celui des vents qui nous emporte, nous nous trouvons très heureux d'être tant bien que mal véhiculés dans une diligence démodée, traînée par six chevaux essoufflés, qui doit nous mener à bon port à Bénévent, ville dont le nom doit donner à penser à tous les diplomates présents et futurs.

A Santo-Spirito, il faisait tellement froid qu'on fut obligé de chauffer la salle d'attente. O Italie du Sud, quelle différence entre ton climat et celui de l'Égypte du Nord ! Où donc trouver le ciel éternellement bleu, l'azur pur et la température douce, tant et tant de fois vantés de l'Italie ? Souvent l'expression de mon Arabe : « Mafiche ! » m'est revenue à la mémoire. Mes deux compagnons de voyage et moi prîmes place dans le coupé de la diligence, et, en traversant ce pays accidenté et romanesque, nous pûmes vers sept heures du matin jouir, dans les Abruzzes, d'un lever du soseil ne valant certes pas celui que nous avions contemplé du haut des pyramides, mais cependant supérieur à tous les phénomènes de ce genre observés en Angleterre ou en Hollande. Nous avions à franchir un angle assez saillant, mais les six chevaux attelés devant notre omnibus surmontaient avec grande facilité les obstacles, et en descendant nous filions avec une rapidité telle que nous pensions verser à chaque instant.

Les habitants de ce pays n'ont pas la réputation

d'être très probes ; ils vivent surtout du brigandage, et plus d'une fois la malle-poste a été dévalisée en ces lieux, surtout lorsqu'elle y passe au petit jour. A chaque instant nous croyions voir apparaître, des cavités des montagnes, des bandes de *Sparafucile* ou de *Fuoco* se ruer sur nous pour nous dévaliser.

Les détracteurs du passé diront tout ce qu'ils voudront, dussé-je passer à tous les yeux pour un affreux réactionnaire, j'avouerai franchement que ce fut avec regret que je quittai la diligence pour rentrer dans un wagon de première classe. A partir de Bénévent, nous devions faire le reste du chemin, jusqu'à Naples, par la voie ferrée. Arrivés sur le territoire de Caserte, nous pûmes admirer cette culture si riche, si variée, ces magnifiques vignobles qui entourent Naples, qui aideront efficacement l'Italie à surmonter les difficultés temporaires qui l'assiégent. Notre convoi marchait avec une lenteur extraordinaire, de sorte que nous arrivâmes presque trois heures en retard au lieu de notre destination. Sur la demande que j'adressai au conducteur du train, afin de savoir pour quel motif le mouvement n'était pas plus accéléré, il ne répondit qu'en haussant les épaules : Va piano, va piano ! »

Enfin à une heure nous étions à Naples. Une carrozzella nous conduisit de l'embarcadère, situé à l'extrémité de la ville, à notre hôtel. Cette course nous avait déjà procuré le plaisir de parcourir une grande partie de la villle.

L'hôtel de Russie, où nous avions fait retenir un appartement, est admirablement placé ; de nos fenêtres nous avions une vue entière sur le golfe et même sur le Vésuve que nous distinguions à l'œil nu, comme dernier point de cette admirable perspective.

La première pensée des étrangers, en arrivant à Naples, est de jouir des aspects merveilleux que présente cette ville. Aussi nous hâtâmes-nous de monter en voiture, en donnant l'ordre au cocher de nous conduire, par les plus belles rues, aux points les plus dignes de notre attention.

La princesse Marguerite, épouse du prince Umberto, venait de donner le jour, à Naples même, à un héritier du trône d'Italie. Toutes les rues étaient pavoisées. Le soir elles étaient richement illuminées. L'illumination napolitaine avait un cachet tout particulier et se distinguait surtout par le goût qui avait présidé aux arrangements. Partout on avait suspendu des fleurs illuminées, et par esprit de délicatesse et une allusion très heureuse, les marguerites prédominaient dans cet ensemble. Le *largo della Vittoria*, square magnifique, au centre duquel il y a une fontaine richement sculptée, se trouve devant *la villa reale*. Cette place et surtout le *Toledo*, d'une longueur fort considérable, étaient le centre de l'illumination et de la fête nationale.

J'assistai le même soir à une représentation du théâtre *San Carlo*, l'une des plus grandes salles de spectacle de l'Italie. On y représentait un opéra inédit de Donizetti, *Gabriella*, qui n'obtint pas les suffrages du public, et un ballet intitulé *Brahma*. Je pus à cette occasion juger de l'ardeur que les Italiens mettent à manifester leur sympathie ou leur mécontentement pour tel artiste ou tel auteur, habitudes qui contrastent de la façon la plus tranchée avec la manière de procéder que l'on observe en France et en Allemagne.

En prenant congé de notre société, le capitaine du *Masr* nous avait annoncé un changement peut-être violent dans la température. Il ne s'était pas trompé ; dès les premières heures de la soirée, la pluie commença à tomber par torrents.

Nous consacrâmes la matinée du 1ᵉʳ décembre à visiter le fameux musée autrefois connu sous le nom de *museo Borbonico*, aujourd'hui sous celui de *museo Nazionale*. De quelque nom qu'on veuille l'appeler, ce musée est certainement l'un des plus riches et des plus magnifiques qui existent. Il faudrait la plume d'un critique exercé pour en donner, en un volume, une idée à peu près satisfaisante. Je me garderai bien d'essayer un pareil travail. Pourtant je ne puis passer sous silence l'impression profonde que j'éprouvai devant ces admirables statues de marbre, de bronze, dont nous avons vu des copies partout. Le musée pompéien, le musée égyptien, les galeries de tableaux, la bibliothèque des papyrus sont uniques dans leur genre et concourent à former le goût de l'observateur attentif.

Comme le temps s'était remis au beau, après avoir quitté le musée nous résolûmes, sur la proposition du baron Korff, de nous rendre en voiture à Pompéi pour jouir, en longeant le golfe, de la vue des environs merveilleux pour arriver jusqu'au pied du Vésuve.

Nous dûmes renoncer de prime abord à aller voir *Capri*, ou *Ischia*, le temps était trop défavorable pour ces excursions.

Passant par Portici, etc., etc., etc., tout en longeant le golfe, nous arrivâmes à Pompéi, où un guide habile nous conduisit aux points les plus remarquables de cette ville déblayée. Une course de trois heures à travers les ruines nous fit voir superficiellement les restes les plus curieux, tels que *l'hôtel de Diomède; le temple de Vénus; le Forum; la Basilique; les temples de Mercure, de Jupiter et d'Auguste;*

la maison du Poëte, celle *du Faune,* ainsi nommée d'après une statue en bronze d'un faune qui y fut trouvée; *le Grand-Théâtre; la villa de Diomède.* Dans la cave de cette villa on a trouvé dix-sept cadavres de femmes qui s'y étaient réfugiées pour trouver un abri contre les cendres provenant de l'éruption du Vésuve.

Quand même on n'aurait pas le moindre sens pour l'archéologie, il suffirait d'avoir la connaissance des premiers éléments de l'histoire de Rome pour être entraîné jusqu'à l'enthousiasme dans la contemplation de ce spécimen presque vivant des anciennes villes des maîtres du monde. Aussi y restâmes-nous plus longtemps que notre guide ne l'eût désiré, et ce ne fut que fort tard que nous rentrâmes à Naples. A peine étions-nous arrivés qu'un orage des plus violents éclatait. Pendant toute la nuit le tonnerre gronda avec véhémence, et les éclairs sillonnaient l'atmosphère; la pluie tombait à torrent. De la fenêtre de notre hôtel nous eûmes le lendemain matin un spectacle des plus émouvants :

Les barques de pêcheurs qui sillonnaient le golfe se hâtaient de chercher un refuge dans le port. Malheureusement, toutes ne parvenaient pas à lutter victorieusement contre l'élément furieux; nous en vîmes plusieurs chavirer. Aussitôt de nombreuses embarcations se portaient à leur secours ; la foule rassemblée sur les quais du port gesticulait, vociférait en émettant mille opinions contradictoires.

Comme le temps ne nous était pas favorable, nous profitâmes de la matinée pour revoir le célèbre musée, visiter les boutiques et échoppes des vendeurs de coraux et de curiosités.

L'unification de l'Italie et le gouvernement actuel de ce pays ont de nombreux détracteurs; il n'en est pas moins vrai qu'on leur doit de nombreuses et notables réformes. Parmi celles-ci je yeux citer la suppression des lazzaroni, que le gouvernement des Bourbons ne se contentait pas de tolérer, mais qu'il encourageait ouvertement. On ne voit plus nulle part cette nombreuse population qui croupissait dans l'inertie, qu'elle décorait du nom de *far niente*, et qui languissait dans une honteuse indolence.

Le charme principal de Naples est dans les environs et dans la beauté de cette riche nature. Le baromètre étant tombé bien bas, et rien ne nous faisant prévoir un changement de temps, nous décidâmes d'un commun accord d'abréger notre séjour à Naples et de rester de préférence un jour de plus à Rome où le charme principal se concentre dans les galeries, ateliers, et où les intempéries ne pourraient pas nous atteindre.

Pour gagner le plus de temps possible nous avons toujours voyagé de nuit. Nous quittâmes donc Naples le 2 décembre, à onze heures du soir. A la frontière, à Ceprano, on est obligé de changer de voiture. Dans les États pontificaux on est encore soumis aux règlements gênants des passeports et de la visite de la douane. Tout se passa parfaitement bien pour nous trois. Notre compagnon de voyage, baron Korff, se trouvant retenu un peu plus longtemps pour une formalité de douane, M. Hübner et moi le devançâmes pour retenir nos places dans des compartiments. La gare était mal éclairée, et pour qu'il nous retrouvât plus facilement, nous nous mîmes à l'appeler à haute voix : Korff ! Korff ! Le facchino placé à la portière fit l'écho de notre exclamation en criant d'une voix de stentor : *signor Korfo ! signor Korfo !* et bientôt le mot d'ordre fut donné parmi tous les facchini de crier *signor Korfo,* et il va sans dire que le nom se trouva bientôt changé en *signor Corpo, Corbo,* etc.

Ce petit intermède, quelque simple qu'il fût, nous mit de bonne humeur et nous fit oublier les ennuis de la visite de la douane et des passeports, et nous arrivâmes le lendemain, 3 décembre, à neuf heures du matin, à Rome, où nous avions fait retenir un logement à *l'albergo di Roma*, précaution qui n'était pas inutile, à cause de l'affluence immense, non-seulement des prélats qui s'étaient rendus à Rome pour l'ouverture du concile, mais aussi des étrangers arrivés de tous les pays.

Le temps continuait à être froid et pluvieux ; de véritables giboulées n'invitaient pas précisément aux excursions. Aussi l'impression première que j'eus en arrivant dans la ville éternelle fut loin d'être celle à laquelle je m'attendais. Le débarcadère est étroit et mesquin, ressemblant plutôt à une dépendance de monastère abandonné qu'à une gare de chemin de fer.

Immédiatement après notre installation à *l'albergo di Roma* nous fîmes une course d'orientation à travers la ville, nous efforçant de voir, dans les six jours que nous avions à consacrer à Rome, le plus possible.

Comme je l'ai déjà dit plus haut, mon intention n'est pas de décrire tout au long les villes d'Italie que j'ai visitées, je dirai seulement sommairement que logeant sur le Corso, cette rue principale où se trouvent les magasins les plus riches et les mieux assortis, nous nous trouvions au centre d'où nous pouvions avec facilité diriger nos courses et expéditions dans les différents quartiers de la ville.

Notre première sortie était destinée à visiter Saint-Pierre (S. Pietro in Vaticano), la plus grande cathédrale du monde, et le Vatican, ce palais immense contenant, outre la chapelle Sixtine avec les plafonds de Michel-Ange, les loges et stanzes de Raphaël, des galeries de tableaux et de sculpture, ainsi que la manufacture de mosaïques, où des ouvriers sont occupés à copier des tableaux et à fabriquer une collection des portraits de tous les Papes pour des églises. Nous avons visité tour à tour, et selon l'itinéraire que nous nous étions fait, la villa Médicis, actuellement siége de l'Académie de peinture de France, la piazza di Spagna. — Le grand escalier qui conduit de l'église de la Trinité sur la place, où est le rendez-vous des modèles. On voit souvent parmi ces hommes, femmes et enfants vêtus de leur costume national, des types superbes et des beautés remarquables. — La piazza Colonna, la piazza di monte Cavallo, ainsi nommée à cause du groupe antique des deux dompteurs de chevaux; le palais Doria avec sa riche collection de tableaux du Titien, Raphaël, Corregio, Velasquez; le palais di Venezia, la villa Borghèse et le Casino, renfermant une collection remarquable de sculptures antiques, situé dans un parc magnifique, qui sert souvent de but de promenade. La villa Albani, propriété du grand financier prince Torlonia, la villa Pamfili-Doria; l'église S. Lorenzo; le Forum Romanum; les arcs de triomphe de Titus et de Septime-Sévère, le Colisée, le Panthéon, le forum de Trajan; la piazza del Campidoglio, sur laquelle il y a la statue superbe de l'empereur Marc-Aurèle, avec deux palais latéraux où se trouve établi le musée Capitolin. J'ai aussi dirigé mes promenades dans le quartier de Rome dit *Trastevere*, et, au-delà des murs, à la via Antonina conduisant aux thermes de Caracalla, à la via Appia externa, aux tombeaux des Scipions, à l'église *Domine quo vadis*, aux catatombes de Calixte, à l'église S. Sebastiano, au théâtre de Marcellus, actuellement propriété des Orsini. Le Quirinal, palais apostolique, a été abandonné depuis 1848 par Pie IX, pour fixer sa demeure au Vatican.

Tous les jours, et chaque fois que le temps le permettait, nous terminions nos excursions par une promenade en voiture sur le *Monte Pincio*, d'où l'on découvre un panorama magnifique sur la ville, et où toute la société romaine se donne rendez-vous.

Le baron d'Arnim, ministre de Prusse près du Saint-Siége, habite le palais Cafarelli (propriété du gouvernement prussien), situé sur le Capitole. Mes deux compagnons de voyage et moi allâmes rendre nos devoirs à Son Excellence, qui nous invita à dîner pour le lendemain. Nous fûmes reçus avec la plus franche cordialité. Les soirées sont généralement peu divertissantes à Rome, surtout pendant le temps de l'Avent. A cette époque les théâtres sont fermés et leur réouverture n'a lieu qu'à la San Stefano (26 décembre). Nous fûmes donc d'autant plus reconnaissants à M. Helbig, secrétaire de l'Institut archéologique prussien, d'avoir improvisé une petite soirée en notre honneur. Cette aimable attention nous procura le plaisir d'entendre le talent remarquable de pianiste de Mme Helbig.

Le 8 décembre avait lieu l'ouverture du concile.

Déjà, de grand matin, l'immense place devant la cathédrale de Saint-Pierre était encombrée par une foule compacte. Malheureusement la pluie, qui tombait depuis le commencement du jour, avait nécessité de prendre des voitures, de sorte que les abords de la place, à partir du fort Saint-Ange, étaient d'un très difficile accès. Plus que jamais on voyait ce jour-là des prêtres placés dans leurs vieux carrosses se diriger vers le Vatican.

Le nombre des Pères du concile qui formaient le

cortége était de sept cents ; au milieu d'eux était le Pape. Après une cérémonie célébrée dans la chapelle Sixtine, ce cortége se rendit, en passant entre une haie formée par les gardes suisses, dans une chapelle de la cathédrale, qui était organisée pour les séances du concile œécumenique. C'est là aussi que le même jour Sa Sainteté a prononcé une courte allocution dans la séance d'inauguration.

Le Pape a exprimé sa joie d'inaugurer le concile au jour fixé et de voir les évêques accourus à Rome, plus nombreux que jamais, pour enseigner à tous la voix de Dieu et juger avec le Pape, sous les auspices du Saint-Esprit, la fausse science humaine. Pie IX demande que les évêques travaillent avec lui à assurer la tranquillité des monastères, l'ordre des églises et la discipline du clergé. Il termine par une invocation au Saint-Esprit, à la Vierge, aux apôtres saint Pierre et saint Paul, et à tous les saints.

A l'occasion de la fête, la statue en bronze de saint Pierre, qui se trouve à l'intérieur, dans la nef principale, et qui représente le prince des apôtres, avait subi une transformation d'un goût très douteux. Le saint était coiffé d'une mitre étincelante de pierreries ; on avait jeté sur ses épaules un manteau d'une richesse extraordinaire, et à ses doigts brillait l'anneau du pêcheur avec d'autres bagues, assis sur un trône de marbre blanc, sous un baldaquin. Le pied droit de cette statue en bronze est presque usé par les baisers des fidèles. Ce jour-là, il était presque impossible d'en approcher, bien que plusieurs suisses fussent placés aux abords de la statue pour faire circuler la foule.

Du reste, l'ordre le plus parfait régnait tant dans l'église qu'à l'extérieur. La pluie, qui ne cessa de tomber le soir comme elle était tombée pendant le jour, rendit l'illumination à peu près impossible,

Nous quittons Rome dans la même soirée et nous arrivons à Florence, le lendemain matin, à huit heures.

L'hôtel de Nuova-York (l'ancien palazzo Ricasoli), que nous avions choisi, est situé sur les bords de l'Arno, et de nos fenêtres nous voyions ce cours d'eau qui, par suite des pluies torrentielles qui étaient tombées, avait un courant très rapide et pris des proportions très considérables. Le temps ne nous favorisait guère à Florence ; nos courses à travers cette jolie cité se firent dans une voiture fermée. Ce n'est pas en vain qu'on a surnommé Firenze *la Bella*. Par un beau temps, les promenades à *San Miniato* et aux *Cascine* doivent être ravissantes, surtout lorsqu'à ce dernier endroit les voitures et les cavaliers se trouvent en grand nombre.

De toutes les richesses que renferme la nouvelle capitale de l'Italie, nous nous sommes bornés à voir les édifices, places, galeries et collections les plus remarquables : *la piazza della Signoria*, sur laquelle on remarque le *palazzo Vecchio* et la *loggia dei Lanzi; il portico degli Uffizi* avec des statues en marbre des Toscans célèbres; la galerie *degli Uffizi*, provenant des collections des Médicis, a toujours été augmentée depuis. Cette galerie renferme la *Tribuna* avec les chefs-d'œuvre de la sculpture antique (*la Vénus de Médicis, — les Lutteurs, — le Satyre*, etc). Les galeries renferment des tableaux d'une beauté incomparable. La cathédrale, avec le battisterio et le célèbre campanile, est magnifique.

Aucun étranger n'entre à Florence sans visiter les églises de Maria-Novella et de Santo-Lorenzo. On admire surtout, dans cette dernière, la sacristie et une chapelle carrée dont les sculptures sont toutes l'œuvre de Michel-Ange, ce qui veut dire qu'elles sont d'une beauté incomparable. L'*Académie des Beaux-Arts*, le *palais Pitti*, offrent aux visiteurs des trésors, même après avoir passé en revue les galeries de Naples et de Rome. Il y a, au *palais Pitti*, 500 tableaux ou mieux

500 chefs-d'œuvre signés des noms de Raphaël Sanzio, Paul Véronèse, Corregio, Guido Reni, Solari, etc., etc. Nous avons remarqué, à l'église de *Santa Croce*, les monuments des Toscans célèbres : Michel-Ange, Galilée, Alfieri. Le mausolée de ce dernier est l'œuvre de Canova.

Nous touchons au terme de notre voyage. Le 9, dans la soirée, notre ami Hübner nous quitte après avoir entendu avec nous un acte du charmant opéra de Ricci, *Crispino e la Comare*. Le baron Korff et moi ne devions partir pour Bologne que le lendemain dans la soirée.

Arrivés à Bologne, à l'hôtel Bruno, avant dix heures du soir, notre premier soin fut de nous informer de quelle façon nous pourrions utiliser le temps qui nous restait. Notre hôtelier nous apprit qu'on donnait au *Grand-Théâtre* deux actes de *Roberto il Diavolo*, et *Leonilda* de Paul Taglioni. Le baron de Korff se trouvait être le gendre de Meyerbeer, et moi le fils de Paul Taglioni. Décemment nous ne pouvions nous abstenir de voler au théâtre. A de grandes joies succèdent presque toujours de grands désappointements : la *prima donna* ayant été prise d'un enrouement subit ou chronique, on avait presque entièrement supprimé les deux actes d'un opéra qui en a cinq. Le ballet avait été donné en entier, mais il était terminé avant l'heure à laquelle il aurait dû commencer. Le public italien, sauf aux premières représentations, est on ne peut plus bienveillant, aussi personne, à Bologne, n'éleva la moindre objection lorsque le régisseur vint annoncer qu'on remplacerait l'opéra par une *accademia*.

Pour nous dédommager et nous réconforter des fatigues de la journée, un excellent souper nous attendait à l'hôtel, qui du reste est recommandable sous tous les rapports.

A notre première sortie, nous trouvâmes les rues de Bologne couvertes de neige; le froid glacial qui régnait nous fut d'autant plus sensible que nous venions de quitter les chaleurs brûlantes de la Haute-Égypte. L'aspect général de cette ville ancienne de l'Italie, avec ses rues larges à portiques, ses palais nombreux, laisse une impression très favorable. La piazza « *Vittorio Emanuele* » (anciennement *piazza Maggiore*) est une des places les plus remarquables de l'Italie. La fontaine de Lauretti, surmontée d'une statue de Neptune, ainsi que les édifices qui avoisinent la place : le palazzo del Podestà; S. Pietro; la cathédrale, ensuite les églises S. Giacomo maggiore, etc., présentent un aspect très imposant. Tout près du palazzo della Mercanzia se trouvent les deux tours penchées *Asinelli* et *Garisenda*. L'inclinaison de la première est d'un mètre, la seconde de plus de deux mètres.

L'*Accadémia delle belle arti* contient une collection de tableaux qui, à elle seule, mérite qu'on s'arrête à Bologne. L'admirable chef-d'œuvre de Rafael, « *la Sainte Cécile,* » est la perle de cette collection. Le touriste amateur pourra admirer un grand nombre d'autres toiles de Guido Reni, des frères Caracci, de Fr. Francia, etc., etc. Devant la porta Isaïa se trouve la *Certosia,* depuis 1801 le Campo Santo, un des plus remarquables de l'Italie.

C'était pour la première fois que je voyais un *Campo santo*, et je ne pouvais pas mieux tomber que de visiter celui qui s'est acquis, à si juste titre, une si grande réputation en Italie pour la richesse des monuments qu'il renferme.

En quittant le *Campo santo* notre *carozella* nous conduisit vers la *Montagnola,* la promenade de la ville, d'où on a une vue splendide sur Bologne. Ce panorama est encadré dans la perspective par les monts Apennins.

Sur le sommet de la Montagnola se trouve pratiquée une vaste enceinte dans laquelle les Bolonais viennent se livrer au *giuoco di pallone.* C'est une sorte de jeu de peaume que l'on cultive non-seulement comme passe-temps, mais comme un exercice traditionnel et historique.

Ayant visité les monuments les plus remarquables de Bologne, nous quittons cette ville curieuse pour nous diriger directement sur Turin, abandonnant le projet que j'avais en principe de passer par Milan, par la raison que cette ville ne m'était pas inconnue, et que les personnes que j'y croyais trouver n'y étaient pas ; un autre motif encore était la fermeture de la Scala.

A notre arrivée à Turin, surnommée *la Vedova* depuis que Victor-Emmanuel a établi sa résidence à Florence, nous descendons à l'hôtel de l'Europe. J'étais connu du propriétaire de cet hôtel, où j'avais déjà séjourné, c'est pourquoi je lui envoyai de Bologne un télégramme, ayant pour but de retenir un appartement chauffé et une chambre à coucher à deux lits. Le télégramme contenait de plus cette mention : « Bon petit souper. »

Tout avait été exécuté même au-delà de nos désirs. Une rangée de garçons nous reçut avec beaucoup de prévenance ; le couvert était mis dans le salon avec une grande recherche. Deux magnifiques vases de fleurs ornaient notre table. Il était évident que toutes ces dispositions avaient été prises dans la prévision de me voir arriver avec une jeune dame. L'hôtelier était d'autant plus fondé à cette attente, que j'avais pris certaines précautions pour m'assurer un appartement confortable. Le désappointement qui se peignait sur la figure des garçons était trop visible pour qu'il pût nous échapper, ce qui occasionna une certaine gaîté qui dura pendant toute la soirée.

Aujourd'hui encore je comprends la surprise de l'hôtelier et de ses garçons. Un couple plus ou moins heureux, plus ou moins épris, est toujours un objet de curieuses observations. D'après mon télégramme on pouvait supposer deux époux passant en voyage le premier quartier de leur lune de miel. Jugez du tableau lorsque le propriétaire de l'hôtel de l'Europe me vit arriver en compagnie d'un chef d'escadrons des dragons de la garde du Roi Guillaume!

Connaissant Turin, il m'importait surtout de voir l'intérieur du Palazzo-Reale contenant l'*armeria* si réputée, ainsi que la collection remarquablement belle *dell' Accademia delle scienze*, les musées égyptien, d'histoire naturelle, et la *Pinacoteca, l'Accademia Albertina delle belle arti*.

Un *giro* au *Giardino publico* et par la *via di Po* termina cette intéressante excursion.

Le 13 décembre au matin, je pris congé de mon aimable compagnon de voyage, M. le Baron de Korff, qui se rendait en Allemagne, tandis que je prenais la route de Paris, par le chemin de fer du mont Cenis et Mâcon, et le 14 décembre j'étais de retour à Paris.

Ce voyage, que je viens d'achever était, dès le début, grâce à l'obligeance de M. Nabarouy-Bey, effectué dans les circonstances les plus agréables; et, comme je l'ai mentionné dans ce volume, pendant tout le parcours en Égypte, cette obligeance ne s'est pas démentie un seul instant.

Mon retour par l'Italie a couronné ce voyage si intéressant pour moi, dont je garderai éternellement le plus précieux souvenir.

TABLE DES MATIÈRES

                                                                Pages.

I.   De Paris par Marseille et Messine à Alexandrie.................................   1

II.   *L'Égypte.* — Abrégé de la géographie et de l'histoire de ce pays. Population et climat.   15

III. *Alexandrie.* — Un bain maure. — Les aiguilles de Cléopâtre. — La colonne de Pompée. — Le jardin du Vice-Roi. — Un déjeuner à Ramleh. — Départ pour le Caire.....   24

IV. *Le Caire.* — La citadelle. — La mosquée de Méhémet-Ali. — La tour d'Emin-Bey. — Le puits de Joseph. — L'avenue de Choubra. — Les bazars. — Visites chez des pachas. — Ali-Pacha, chérif, ses chevaux

Pages.

et ses écuries. — Une chasse aux vautours manquée. — Les mosquées du vieux Caire. — Danses des derviches. — Le Kasr-el-Nil. — Audience chez le Khédive et chez l'héritier du trône. — M. de Lesseps. — Héliopolis. — L'arbre de la Vierge. — Installation pour le voyage sur le Nil............ 34

V. *Voyage sur le Nil. — Première partie. — Du Caire à Thèbes.* — Départ. — La dahabieh. — La prière de l'équipage. — Les inondations. — Visite d'un fakir. — Réception chez le Moudir de Minieh. — Nouveaux alliés français. — Rodah. — Siout. — Fantasia. — Kenneh. — Fête chez l'agent consulaire. — La célèbre Bédaouia. — Temple de Denderah. — Origine des divers ordres de colonnes. — Arrivée à Louqsor. 67

VI. *Voyage sur le Nil. — Première partie. — Thèbes.* — Louqsor. — Karnak. — Description des anciens temples. — L'architecture sacrée. — La nécropole. — Le temple Qournah. — Les tombeaux des princesses. — Le Ramesséum. — Les colosses de Memnon. — Tombeau de Petaminophis. — Chauves-souris. — Deux compagnons retrouvés. — Gebel-el-Bachri. — Les tombeaux des rois. L'Assassif. — Médinet-Abou. — Arrivée de l'Impératrice. — Banquet............... 100

		Pages.
VII.	*Voyage sur le Nil. — Deuxième partie. — De Thèbes à Assouan.* — Sobriété de notre équipage. — Le jeûne. — Esneh. — Marché et temple. — Edfou. — Les Bicharris. — Un père modèle. — Gebel-Silsileh. — Ombos. — Assouan. — La mise des habitants. — Bazars, dépôts de plumes d'autruches. — Mafiche. — Feu d'artifice en l'honneur de l'arrivée de l'Impératrice. — Les cataractes du Nil. — Philae. — Inscriptions sur les pylônes. — L'île de Biggeh. — Sieste. — Dada marin. — L'île d'Éléphantine. — Promenade à chameau. — Cérémonie funéraire. — État sanitaire des invités. — Projet d'un banquet commémoratif..........	129
VIII.	*Voyage sur le Nil. — Troisième partie. Le retour d'Assouan à Boulaq.* — Le cours du Nil. — Retour à Louqsor et à Kenneh. — Foire arabe. — Fête d'un saint. Girgeh. — Église copte chrétienne. — Le temple d'Abydos. — Hospitalité arabe. — Une voyageuse dans un sac. — École à Siout. — Le village de Beni-Hassan et ses habitants. — Mendicité. — Gizeh. — L'architecture des Pyramides. — Les pyramides de Chéops et de Chéphren. — Le sphinx. — Départ pour le Caire..........	164
IX.	*Du Caire par Alexandrie à Port-Saïd.* — Les hycsos modernes. — Le bateau-poste	

Pages.

Rachmanieh. — Traversée d'Alexandrie à Port-Saïd. — Les môles et leur construction. — Aspect général du port. — Arrivée des navires. — L'Empereur d'Autriche, le Prince Royal de Prusse, l'Impératrice des Français. — Cérémonie religieuse. — L'allocution prononcée par Mgr Bauer. — Promenade en canot dans le grand bassin. — Conversation avec le Prince Royal de Prusse. — Ouverture du canal.......... 202

X. *Le Canal de Suez.* — Histoire et géographie du canal. — Les premiers travaux. — Le lac Timsah. — Ismaïlia. — Les lacs Amers. — Le district de Chalouf. — Suez. — Dépenses et travaux. — La navigation sur le canal. — Mouvement de commerce. — Nouvel avenir pour les ports de mer de la Méditerranée. — Le commerce de l'Allemagne du Nord. — Conclusion............ 232

XI. *Les fêtes de l'inauguration du canal à Ismaïlia et au Caire.* — Entrée solennelle. Kantara. — Ismaïlia. — Fêtes de jour et de nuit. — Campement de la Mohafza. — Fantasia équestre. — Éclairage féerique. — Bal chez le Khédive. — Continuation du parcours jusqu'à Suez. — Retour au Caire. — Visite au Prince Royal de Prusse. — Représentation de gala au Grand-Opéra. Le musée de Boulaq. — Fête au château

	Pages.
de Kasr-el-Nil. — Dispositions pour le départ. — Retour à Alexandrie. — Le café *Nettuno*. — Installation à bord du *Masr*. — Départ...............................	255
XII. *Retour à Paris par l'Italie* à bord du *Masr*. — Brindisi. — Naples. — Rome. — Cérémonie de l'ouverture solennelle du concile. — Florence. — Bologne. — Turin........	286

Typ. Alcan-Lévy, rue Lafayette, 61, et passage des Deux-Sœurs.

www.ingramcontent.com/pod-product-compliance
Lightning Source LLC
Chambersburg PA
CBHW060414170426
43199CB00013B/2141